Inhaltsverzeichnis

Vorwort   2

Vorbemerkungen   3

Allgemeine Hinweise   3

Konkrete Hinweise zur Durchführung der Projektwoche   4

Zur Arbeitsweise an den einzelnen Tagen   5

Wochenübersicht   6

Tagesablauf / Materialkatalog Montag – Freitag   8

Bastelangebote   13

Spielangebote für die Spieleecke   26

Spielangebote für die Ritterspiele   31

Projektwochenheft: • Deckblatt   36

                 • Angebote 1 – 15   37

                 • Angebote 16 – 18: Lieder und Sprechvers   58

Rittermahl   60

Präsentation der Projektwoche: Ritter   62

Lösungen   63

W0176991

BVK PA200 · Ilse Best / Gudrun Müller: Projektwoche „Ritter"

Vorwort

Projektwochen gehören mittlerweile zum Standard an Schulen aller Schulformen. Sie werden den Schülern klassenintern, jahrgangsintern oder auch jahrgangsübergreifend angeboten. Manche Schulen geben der Projektwoche ein Rahmenthema, andere lassen der Fantasie der einzelnen Lehrer freien Lauf.

Allen gemeinsam ist die Arbeit an einem bestimmten Thema über den Zeitraum einer Woche, die in einer Präsentation der Arbeitsergebnisse mündet.

Selbstständiges und handlungsorientiertes Arbeiten unter Einbeziehung künstlerischer Aktivitäten steht im Vordergrund und oft wird auch eine Exkursion zum Thema durchgeführt.

Dem Lehrer fällt in dieser Woche eine eher moderierende und organisierende Rolle zu. Dies erfordert in der Regel eine sehr intensive und zeitaufwändige Vorbereitung.

Hier setzt unsere Intention an: Wir haben für Sie das Thema „Ritter" als ein Full-Service-Heft angelegt, in dem wir das Thema für eine Projektwoche in der 3. und 4. Klasse so aufgearbeitet haben, wie wir eine Projektwoche gestalten würden – komplett durchgeplant mit Angaben des benötigten Materials, mit einem Tages- und Wochenplan, allen Anleitungen und einem Projektwochenheft für die Hand der Kinder.

Sie müssen nur noch das benötigte Material besorgen, die Arbeitsblätter kopieren, die Projektwochenhefte herstellen und loslegen.

Das Thema „Ritter" ist bei Grundschülern erfahrungsgemäß sehr beliebt. Viele Schüler im Grundschulalter haben Filme wie Robin Hood gesehen und sind neugierig auf alles, was in früherer Zeit geschah. Auch in den Richtlinien und Lehrplänen für den Sachunterricht der 3. und 4. Klasse ist das Thema vorgesehen. Dies gab für uns den Ausschlag, eine Projektwoche zum Thema „Ritter" zusammenzustellen.

Wir wünschen Ihnen und Ihren Kindern viel Spaß und Erfolg bei der Umsetzung der vorliegenden Projektwoche!

Ilse Best   Gudrun Müller

Vorbemerkungen

Die Ritter lebten im Mittelalter und spielten eine wichtige Rolle in der Gesellschaft. Sie waren Krieger, die sich in den Dienst von Adligen stellten.

Sucht man Informationen zum Thema „Ritter" (z. B. unter Wikipedia), so stellt man schnell fest, wie umfangreich das Thema ist.

Es würde den Rahmen dieser Einheit sprengen, die Geschichte der Ritter im Detail zu behandeln.

Es gibt jedoch viele Bücher über Ritter, falls Sie noch mehr Informationen zu dem Thema wünschen. Für die Kinder können Sie eine **Bücherkiste** anbieten. Hier stellt Ihnen die örtliche Bücherei sicher entsprechendes Material für den Zeitraum der Projektwoche zur Verfügung.

Allgemeine Hinweise

Die vorbereitete **Wochenübersicht** (s. S. 6 – 7) bitte als Plakat hochkopieren. Sie sollte so aufgehängt werden, dass alle Schülerinnen und Schüler sich jederzeit einen Überblick über die Projektwoche verschaffen können.

Die Übersichten der **Tagesabläufe** (s. S. 8 – 12) sind für die Hand des Lehrers gedacht.

Ihre Vorbereitung vor dem Start in die Projektwoche:
- Bitten Sie evtl. Eltern um Mithilfe während der Projektwoche.
- Weisen Sie die Kinder darauf hin, dass sie bereits am ersten Tag der Projektwoche eine große und mehrere kleine Pappschachteln, 4 leere Küchenrollen sowie eine leere Toilettenpapierrolle mitbringen sollen, da daraus jeder seine ganz persönliche Burg basteln wird.
- Üben Sie vorher die Lieder und den Sprechvers mit den entsprechenden Bewegungen gut ein, damit Sie sie möglichst auswendig (vor)singen können (s. S. 58 – 60).
- Stellen Sie eine Bücherkiste mit Ritterbüchern zusammen (evtl. aus der örtlichen Bücherei).
- Besorgen Sie das benötigte Material für die Bastelarbeiten (s. Materialangaben S. 8 – 12).
- Stellen Sie die Projektwochenhefte entsprechend der Anzahl der Schüler her (s. S. 36).
- Basteln Sie die Spiele für die Spieleecke oder binden Sie diese Arbeiten im Vorfeld in den Kunstunterricht ein (s. S. 26 – 30).
- Besorgen Sie das benötigte Material für die Ritterspiele am Freitag (s. S. 31 – 35).
- Zur Verkleidung fragen Sie die Mädchen nach langen (Prinzessinnen-)Kleidern o. Ä., die manche Kinder von Fasching zu Hause haben.
- Schneiden Sie evtl. für Mittwoch die Schwerter bei sehr dicker Pappe schon vorher vor.
- Um eine nette Atmosphäre zu schaffen, bietet es sich an, während der Projektwoche im Hintergrund instrumentale Renaissancemusik laufen zu lassen.

Bastelarbeiten (ab S. 13):

Bei den angebotenen Bastelarbeiten handelt es sich unserer Meinung nach um das Maximalangebot dessen, was innerhalb der Projektwoche möglich ist. Lassen Sie also, wenn Sie die Kinder kennengelernt haben, je nach deren Fähigkeiten eine Bastelarbeit weg. Alle unsere Angebote sind nur ein Grundgerüst, das Sie jederzeit nach Belieben Ihren persönlichen Vorlieben oder den Gegebenheiten anpassen können. Bei einigen Bastelangeboten bietet es sich außerdem an, den Kindern die Wahl zu lassen, was sie gerne basteln würden. Zum Beispiel können die Mädchen und Jungen dann selbst entscheiden, ob sie lieber einen Helm oder einen Burgfräulein-Hut herstellen möchten.

Zum Bastelangebot Tischset (S. 13): Vergrößern Sie das Tischset auf DIN A3 und kopieren Sie es entsprechend der Anzahl der Schüler. Die Kinder können es selbst ausmalen. Im Anschluss können Sie es, wenn möglich, laminieren. So dient es den Rest der Woche als abwaschbare Tischunterlage.

Hinweise zu den Kopiervorlagen:

- Bei einigen Bastelangeboten sollten Sie darauf achten, die Kopiervoralgen bei Bedarf entsprechend hochzukopieren. Vor allem bei den Angeboten zum Schild (s. S. 18) und zum Schwert (s. S. 20) ist eine Vergrößerung der Vorlagen sinnvoll.
- Die Kopiervorlage der Wappensymbole (s. S. 19) ist innerhalb der Projektwoche multifunktional einsetzbar. Sie kann sowohl zur alternativen Gestaltung des Schildes (S. 18) als auch zur Verzierung des Brustpanzers (S. 16) oder als Ideen-Vorlage für die Anstecknadel (S. 22) verwendet werden. Auch diese Vorlage bei Bedarf hochkopieren.

Konkrete Hinweise zur Durchführung der Projektwoche

Hier soll nun genauer auf die **Arbeitsweise und auf bestimmte Rituale** in der Projektwoche „Ritter" eingegangen werden.

Grundlage für die Woche bildet das Buch „Lanzelotta Rittertochter – Das große Turnier" von Ursel Scheffler aus der Reihe „Sonne, Mond und Sterne" (Oetinger Verlag).
Aus diesem Buch soll täglich ein Kapitel vorgelesen werden (Montag und Freitag zwei Kapitel), sodass die Kinder am Ende der Woche das ganze Buch kennen.
Sollten Sie ein anderes Buch auswählen, so müssen Sie den Umfang so aufteilen, dass Sie an den fünf Projekttagen jeweils ein bis zwei Leseabschnitte vor der Pause vorlesen.

Zu den Ritualen der Woche (s. auch Wochenübersicht S. 6 und 7):

- Jeder Tag beginnt mit dem gemeinsamen „Lied vom Ritter Gieselbert" (s. S. 58).
- Nach der Arbeitsphase wird jeweils ein Kapitel aus dem von Ihnen ausgewählten Buch vorgelesen.
- Dann teilen sich die Kinder in zwei Gruppen auf (Gruppe „Projektwochenheft", Gruppe „Bastelarbeiten").
- Der 2. Teil des Vormittages nach der Pause beginnt mit dem Sprechvers (s. S. 60).
- Nach der 2. Arbeitsphase werden die Ergebnisse (Seiten im Projektwochenheft / Bastelarbeiten) in der Großgruppe vorgestellt.
- Bei Bedarf wird jeweils danach ein weiteres Kapitel aus dem Buch vorgelesen.
- Zum Abschluss gibt es eine gemeinsame Feedback-Runde (Was war heute gut? – Was muss noch besser werden?) und ein Abschiedslied (s. S. 59).

Diese Rituale dienen den Schülerinnen und Schülern als Orientierungshilfe.

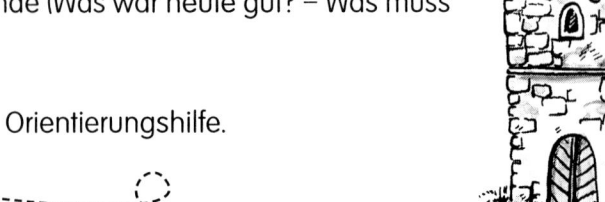

BVK PA200 · Ilse Best / Gudrun Müller: Projektwoche „Ritter"

Zur Arbeitsweise an den einzelnen Tagen

Nach dem Vorstellen der täglichen Projektwocheninhalte in der Großgruppe (s. Kopiervorlagen ab S. 8) wird jeweils in zwei Kleingruppen gearbeitet.

Eine Gruppe bearbeitet eigenständig Aufgaben im **Projektwochenheft.**
Diese Seiten sind an dem entsprechenden **Symbol** erkennbar. Das Deckblatt hierzu finden Sie auf S. 36 und die Arbeitsblätter zu diesem Bereich ab S. 37.

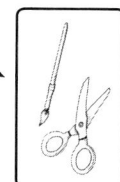

Als **Themenschwerpunkte** für die 3. und 4. Jahrgangsstufe der Grundschule wurden im Projektwochenheft ausgewählt:
- Wer waren die Ritter?
- Leben und Wohnen in der Burg
- Der Bergfried
- Die Burg als Verteidigungsanlage
- Der Burgherr und seine Aufgaben
- Die Burgherrin und ihre Aufgaben
- Die Kinder
- Vom Pagen zum Ritter
- Die Rüstung
- Die Waffen der Ritter
- Die Ritterturniere
- Die Wappen
- Berufe
- Minnesänger und Musikinstrumente
- Redensarten

Die zweite Gruppe hat die Wahl aus verschiedenen **Bastelangeboten** (s. S. 13 – 25): Tischset – Ritterburg – Brustpanzer – Schild – Schwert – Helm – Anstecknadeln – Schmuck-kästchen für die Dame – Burgfräulein-Hut

Nach der **Pause** wird **gewechselt.**
Die Lehrkraft hat somit die Möglichkeit, bei den Bastelarbeiten zu helfen, da die andere Gruppe selbst-ständig am Projektwochenheft arbeitet.

Ab dem zweiten Projekttag können Sie den Schülern die Bücherkiste zur Verfügung stellen.

Ab dem dritten Projekttag können Sie den Kindern zusätzlich folgende **Spiele** (s. S. 26 – 30) vorstellen, erkennbar an diesem Symbol:
Mittelalter-Puzzle – Rüstungsdomino – Ritter-Schnipp-Schnapp – Murmel in den Turm – Ritter-Kreiseln – Schafsknochenspiel

Zu den Spielen gehören auch die **Ritterspiele** (s. S. 31 – 35). Sie werden von allen Kindern gemeinsam am Freitag gespielt:
Das Ringstechen – Die Burg brennt – Der Reiterkampf – Tauziehen – Schildkampf – Sprung-Fuchsen – Ringwerfen – Das Wettreiten der Ritter – Anstoßen – Das Tor des Königs

Wochenübersicht – Vormittage bis zur Pause

Zeit	Montag	Zeit	Dienstag	Zeit	Mittwoch	Zeit	Donnerstag	Zeit	Freitag
5	Lied: „Lied vom Ritter Gieselbert"	5	Lied: „Lied vom Ritter Gieselbert"	5	Lied: „Lied vom Ritter Gieselbert"	5	Lied: „Lied vom Ritter Gieselbert"	5	Lied: „Lied vom Ritter Gieselbert"
10	• Einstieg in das Thema • Vorstellen der Projektwocheninhalte und Arbeitsweisen • Heftinfo des Tages vorstellen	10	• Heftinfo des Tages vorstellen • Vorstellen der Bücherkiste	10	• Heftinfo des Tages vorstellen • Vorstellen der Spieleecke	10	• Heftinfo des Tages vorstellen	5	Tagesausblick geben
65	**Gruppe 1** • Arbeit am Projektwochenheft • Tischset basteln **Gruppe 2** • Basteln: Ritterburg	65	**Gruppe 1** • Arbeit am Projektwochenheft **Gruppe 2** • Basteln: Ritterburg, Brustpanzer **Für schnelle Schüler:** • Bücherkiste	65	**Gruppe 1** • Arbeit am Projektwochenheft **Gruppe 2** • Basteln: Schild, Schwert / Schmuckkästchen **Für schnelle Schüler:** • Bücherkiste • Spieleecke	65	**Gruppe 1** • Arbeit am Projektwochenheft **Gruppe 2** • Basteln: Anstecknadeln, Helm / Burgfräulein-Hut **Für schnelle Schüler:** • Bücherkiste • Spieleecke	55	• Bastelarbeiten fertigstellen • Fertigstellen des Projektwochenheftes
5	Vorlesen 1. Buchabschnitt	5	Vorlesen 3. Buchabschnitt	5	Vorlesen 4. Buchabschnitt	5	Vorlesen 5. Buchabschnitt	5	Vorlesen 6. Buchabschnitt
5	Lied: „Rittertanz" mit Text zur Pause	5	Lied: „Rittertanz" mit Text zur Pause	5	Lied: „Rittertanz" mit Text zur Pause	5	Lied: „Rittertanz" mit Text zur Pause	20	**Für alle Schüler:** • Spieleecke • Bücherkiste • Lied: „Rittertanz" mit Text zur Pause

Pause

BVK PA200 · Ilse Best / Gudrun Müller: Projektwoche „Ritter"

Wochenübersicht – Vormittage nach der Pause

Zeit	Montag	Zeit	Dienstag	Zeit	Mittwoch	Zeit	Donnerstag	Zeit	Freitag
2	Sprechvers	2	Sprechvers	2	Sprechvers	2	Sprechvers	2	Sprechvers
65	**Gruppe 1** • Basteln: Ritterburg **Gruppe 2** • Arbeit am Projektwochenheft • Tischset basteln	65	**Gruppe 1** • Basteln: Ritterburg, Brustpanzer **Gruppe 2** • Arbeit am Projektwochenheft	65	**Gruppe 1** • Basteln: Schild, Schwert / Schmuckkästchen **Gruppe 2** • Arbeit am Projektwochenheft	65	**Gruppe 1** • Basteln: Anstecknadeln, Helm / Burgfräulein-Hut **Gruppe 2** • Arbeit am Projektwochenheft	30	Aufbau Präsentation
15	Vorstellen der Ergebnisse	15	Vorstellen der Ergebnisse	15	Vorstellen der Ergebnisse	15	Vorstellen der Ergebnisse	50	Ritterspiele
5	Vorlesen 2. Buchabschnitt							5	Vorlesen 7. Buchabschnitt
8	• Wie war es heute? • Lied: „Rittertanz" mit Text zum Abschluss	8	• Wie war es heute? • Lied: „Rittertanz" mit Text zum Abschluss	8	• Wie war es heute? • Lied: „Rittertanz" mit Text zum Abschluss	8	• Wie war es heute? • Lied: „Rittertanz" mit Text zum Abschluss	8	• Wie war es heute? • Lied: „Rittertanz" mit Text zum Abschluss
95		90		90		90		95	

BVK PA200 · Ilse Best / Gudrun Müller: Projektwoche „Ritter"

Tagesablauf

Zeit	Montag
5	Lied: „Lied vom Ritter Gieselbert"
10	• Einstieg in das Thema • Vorstellen der Projektwocheninhalte und Arbeitsweisen • Heftinfo des Tages vorstellen
65	• Gruppe 1: • Arbeit am Projektwochenheft Aufgabe 1 – 3 • Tischset basteln • Gruppe 2: Basteln: Ritterburg S. 14 – 16
5	Vorlesen 1. Buchabschnitt
5	Lied: „Rittertanz" mit Text zur Pause
Pause	
2	Sprechvers
65	• Gruppe 1: Basteln: Ritterburg S. 14 – 16 • Gruppe 2: • Arbeit am Projektwochenheft Aufgabe 1 – 3 • Tischset basteln
15	Vorstellen der Ergebnisse
5	Vorlesen 2. Buchabschnitt
8	• Wie war es heute? • Lied: „Rittertanz" mit Text zum Abschluss

Die Schüler brauchen:
Jeder Schüler bringt für sich 1 große und mehrere kleine Pappschachteln sowie 4 leere Küchenrollen und eine 1 Toilettenpapierrolle mit.
Außerdem: Schere, Kleber, Mäppchen, Filzstifte, Wasserfarbkasten, Deckweiß, Pinsel, Lineal, Projektwochenheft Aufgabe 1 – 3

Der Lehrer braucht:
• Lieder im Projektwochenheft: „Lied vom Ritter Gieselbert", „Rittertanz"
• Buch: „Lanzelotta Rittertochter" oder Buch Ihrer Wahl
• Sprechvers
• Projektwochenhefte für die Schüler
• **Tischsets:** Kopien DIN A3
• **Ritterburg:** Zeitung zum Unterlegen, 1 große und mehrere kleine Pappschachteln, Schere, graues Tonpapier, Kleber, Heißkleber, 1 leere Toilettenpapierrolle, DIN-A4-Papier, Gummiringe, 4 leere Küchenrollen, Wasserfarbkasten, Deckweiß, Pinsel, evtl. Schwämmchen, rotes Tonpapier, Zahnstocher, 3 Eisstiele aus Holz, Prickelnadeln, Prickelunterlagen, Kordel, Stroh, trockene Äste, kleine Kieselsteine, Vogelsand, bunte Filzstückchen, Tacker, Lineal

Tagesablauf

Zeit	Dienstag
5	Lied: „Lied vom Ritter Gieselbert"
10	• Heftinfo des Tages vorstellen • Vorstellen der Bücherkiste
65	• Gruppe 1: Arbeit am Projektwochenheft Aufgabe 4 – 6 • Gruppe 2: Basteln: Ritterburg S. 14 – 16, Brustpanzer S. 16 • Für schnelle Schüler: Bücherkiste
5	Vorlesen 3. Buchabschnitt
5	Lied: „Rittertanz" mit Text zur Pause
Pause	
2	Sprechvers
65	• Gruppe 1: Basteln: Ritterburg S. 14 – 16, Brustpanzer S. 16 • Gruppe 2: Arbeit am Projektwochenheft Aufgabe 4 – 6 • Für schnelle Schüler: Bücherkiste
15	Vorstellen der Ergebnisse
8	• Wie war es heute? • Lied: „Rittertanz" mit Text zum Abschluss

Die Schüler brauchen:

Schere, Kleber, Mäppchen, Filzstifte, Wasserfarbkasten, Deckweiß, Pinsel, Projektwochenheft Aufgabe 4 – 6

Der Lehrer braucht:
• Lieder im Projektwochenheft: „Lied vom Ritter Gieselbert", „Rittertanz"
• Buch: „Lanzelotta Rittertochter" oder Buch Ihrer Wahl
• Sprechvers
• **Ritterburg:** Zeitung zum Unterlegen, 1 große und mehrere kleine Pappschachteln, Schere, graues Tonpapier, Kleber, Heißkleber, 1 leere Toilettenpapierrolle, DIN-A4-Papier, Gummiringe, 4 leere Küchenrollen, Wasserfarbkasten, Deckweiß, Pinsel, evtl. Schwämmchen, rotes Tonpapier, Zahnstocher, 3 Eisstiele aus Holz, Prickelnadeln, Prickelunterlagen, Kordel, Stroh, trockene Äste, kleine Kieselsteine, Vogelsand, bunte Filzstückchen, Tacker, Lineal
• **Brustpanzer:** Kopien der Wappensymbole von S. 19, 2 Alu-Grillschalen, Klebeband, Prickelnadeln, Prickelunterlagen, Pfriem, breites Geschenkband in Silber, Schere
• Bücherkiste

Tagesablauf

Zeit	Mittwoch
5	Lied: „Lied vom Ritter Gieselbert"
10	• Heftinfo des Tages vorstellen • Vorstellen der Spieleecke
65	• Gruppe 1: Arbeit am Projektwochenheft Aufgabe 7 – 10 • Gruppe 2: Basteln: Schild S. 17 – 18, Schwert S. 20 / Schmuckkästchen S. 21 • Für schnelle Schüler: Spieleecke und Bücherkiste
5	Vorlesen 4. Buchabschnitt
5	Lied: „Rittertanz" mit Text zur Pause
Pause	
2	Sprechvers
65	• Gruppe 1: Basteln: Schild S. 17 – 18, Schwert S. 20 / Schmuckkästchen S. 21 • Gruppe 2: Arbeit am Projektwochenheft Aufgabe 7 – 10 • Für schnelle Schüler: Spieleecke und Bücherkiste
15	Vorstellen der Ergebnisse
8	• Wie war es heute? • Lied: „Rittertanz" mit Text zum Abschluss

Die Schüler brauchen:
Schere, Kleber, Mäppchen, Projektwochenheft Aufgabe 7 – 10

Der Lehrer braucht:
• Lieder im Projektwochenheft: „Lied vom Ritter Gieselbert", „Rittertanz"
• Buch: „Lanzelotta Rittertochter" oder Buch Ihrer Wahl
• Sprechvers
• **Schild:** Schablone (Schild, s. S. 18), ein fester Karton (DIN A2), Bleistift, Schere, Kleber, Wappen-symbole (s. S. 19), Plaka®-Farbe in Rot, Schwarz, Blau, Grün, Gold und Silber, Pinsel, Gold- und Silberfolie, breites Gold- oder Silbergeschenkband oder Rolladengurtband, Musterklammern, Klebeband, Stifte
• **Schwert:** Schablone (Schwert), dicke Pappe (stabiler Obst- oder Gemüsekarton), Bleistift, Cuttermesser, Schere, silberne und goldene Plaka®-Farbe, Pinsel, silbernes Gewebeklebeband, Kleber, schwarzer Filzstift, evtl. bunte Schmucksteine
• **Schmuckkästchen:** Schuhkarton (oder Pralinenschachtel aus Pappe, die nicht mit Folie beschichtet ist), weiße Acrylfarbe, Borstenpinsel, Servietten mit vornehm aussehenden Moti-ven, Schere, Kleber, Tortendeckchen, Aqualack, eine Auswahl aus Glitterstreu in verschiedenen Körnungen und Farben, Glitzersteinchen, Schmucksteinchen, kleine Glasperlchen und / oder Pailletten, Stoff oder Seidenpapier
• Spielecke mit vorbereiteten kleinen Spielen
• Bücherkiste

Tagesablauf

Zeit	Donnerstag
5	Lied: „Lied vom Ritter Gieselbert"
10	• Heftinfo des Tages vorstellen
65	• Gruppe 1: Arbeit am Projektwochenheft Aufgabe 11 – 15 • Gruppe 2: Basteln: Anstecknadeln S. 22, Helm S. 23 – 24 / Burgfräulein-Hut S. 25 • Für schnelle Schüler: Spieleecke und Bücherkiste
5	Vorlesen 5. Buchabschnitt
5	Lied: „Rittertanz" mit Text zur Pause
Pause	
2	Sprechvers
65	• Gruppe 1: Basteln: Anstecknadeln S. 22, Helm S. 23 – 24 / Burgfräulein-Hut S. 25 • Gruppe 2: Arbeit am Projektwochenheft Aufgabe 11 – 15 • Für schnelle Schüler: Spieleecke und Bücherkiste
15	Vorstellen der Ergebnisse
8	• Wie war es heute? • Lied: „Rittertanz" mit Text zum Abschluss

Die Schüler brauchen:
Schere, Kleber, Mäppchen, Projektwochenheft Aufgabe 11 – 15

Der Lehrer braucht:
• Lieder im Projektwochenheft: „Lied vom Ritter Gieselbert", „Rittertanz"
• Buch: „Lanzelotta Rittertochter" oder Buch Ihrer Wahl
• Sprechvers
• **Anstecknadeln:** 1 kleiner Bogen Tonkarton, Kleber, Schere, verschiedene Buntstifte, Heißkleber, Sicherheitsnadel, Klebeband
• **Helm:** 1 silberner Tonkarton 60 x 20 cm (Helm), 1 silberner Tonkarton in mind. 25 x 25 cm, 1 silberner Tonkarton in DIN A4 (Visier), Maßband, Schere, Kleber, Prickelnadeln, Prickelunterlagen, 2 Musterklammern, Klebeband, Stift
• **Burgfräulein-Hut:** Tonkarton in beliebiger Farbe (ca. 60 x 60 cm), Schere, Stoff (z. B. Tüll), Kleber, Prickelnadeln, Prickelunterlagen, Maßband, Gummiband, Dekomaterial (z. B. Glitzersteine, Perlen …), Stifte
• Bücherkiste
• Spieleecke mit vorbereiteten kleinen Spielen

Tagesablauf

Zeit	Freitag
5	Lied: „Lied vom Ritter Gieselbert"
5	Tagesausblick geben
55	• Fertigstellen der Bastelarbeiten • Fertigstellen der restlichen Projektwochenhefte
5	Vorlesen 6. Buchabschnitt
20	• Für alle Schüler: Spieleecke und Bücherkiste • Lied: „Rittertanz" mit Text zur Pause
Pause	
2	Sprechvers
30	Aufbau Präsentation
50	Ritterspiele
5	Vorlesen 7. Buchabschnitt
8	• Wie war es heute? • Lied: „Rittertanz" mit Text zum Abschluss

Die Schüler brauchen:

Schere, Kleber, Mäppchen, Projektwochenheft, fertige Bastelarbeiten der letzten Tage

Der Lehrer braucht:

• Lieder im Projektwochenheft: „Lied vom Ritter Gieselbert", „Rittertanz"
• Buch: „Lanzelotta Rittertochter" oder Buch Ihrer Wahl
• Sprechvers
• Materialien für die restlichen Bastelarbeiten
• evtl. zusätzliche Deko für die Präsentation
• Bücherkiste
• Spieleecke mit vorbereiteten kleinen Spielen

Hinweis: Es können keine genauen Mengen- und Größenangaben gemacht werden, da diese von den Schachteln abhängig sind, die die Schüler mitbringen.

Material:
Zeitung zum Unterlegen, 1 große und mehrere kleine Pappschachteln, Schere, graues Tonpapier, Kleber, Heißkleber, 1 leere Toilettenpapierrolle, DIN-A4-Papier, Gummiringe, 4 leere Küchenrollen, Wasserfarbkasten, Deckweiß, Pinsel, evtl. Schwämmchen, rotes Tonpapier, Zahnstocher, 3 Eisstiele aus Holz, Prickelnadeln, Prickelunterlagen, Kordel, Stroh, trockene Äste, kleine Kieselsteine, Vogelsand, bunte Filzstückchen, Tacker, Lineal, Stift

Vorbereitung: Zeitung auslegen, damit nichts kleckert.

So geht es:
Burgmauer mit Zinnen und Wehrgang
- Für die Zinnen bei der großen Pappschachtel an der Oberkante gleichmäßig abmessen und einschneiden.
- Jedes zweite Teil nach innen umklappen.
- Auf die umgeklappten Teile werden als Wehrgänge schmale Streifen aus grauem Tonpapier geklebt.

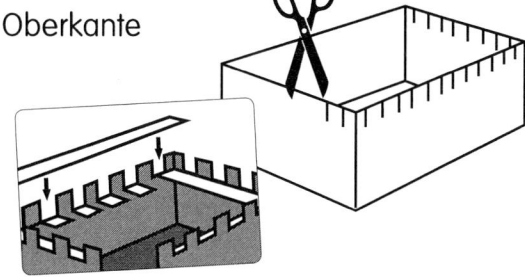

Toilette
- Aus einer kleinen Pappschachtel ein Loch ausschneiden und diese als Burgtoilette mit Heißkleber an die Außenwand kleben.

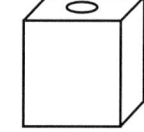

Pechnase
- Toilettenpapierrolle halbieren (die andere Hälfte für den Ziehbrunnen aufbewahren) und oben (als Deckel) einen Halbkreis aus grauem Tonpapier aufkleben.
- Die fertige Pechnase mit dem offenen Ende nach unten über das Burgtor kleben.

Kanonen
- Einen Bogen Papier dicht zusammenrollen und zusammenkleben.
- Während des Trocknens Gummiringe zum Zusammenhalten benutzen.
- Dieses lange Röllchen in kleine kurze Rollenstücke schneiden und als Kanonen zwischen die Zinnen kleben.

Wehrtürme
- Bei der leeren Küchenrolle oben in gleichmäßigem Abstand Zinnen anzeichnen und einschneiden. Die Türme sollen ungefähr doppelt so hoch wie die Burgmauer sein.
- An der unteren Kante zwei senkrechte Einschnitte anbringen, damit die Wehrtürme auf die Außenmauer aufgesetzt werden können. Dann die Türme an den Ecken auf die Außenmauer stecken und dort verkleben.

Ausgestaltung

- Die ganze Burg innen und außen mit grauer Wasserfarbe (aus Deckweiß und Schwarz gemischt) dick anmalen, auch den Kartonboden. Wenn man die Farbe mit einem Schwämmchen auftupft, sieht die Mauer leicht verwittert aus.
  Tipp: Man kann auch Schießscharten mit schwarzer Farbe aufmalen.

Bergfried

- Eine lange schmale Schachtel für den Bergfried mit grauem Tonpapier umkleiden.
- Den Bergfried gut festkleben.
- Oben die Zinnen einschneiden.

Gebäude

- Für die anderen Gebäude rotes Tonpapier rechteckig (passend zu den kleinen Schachteln) zuschneiden, in der Mitte leicht anfalten und als Dächer aufkleben.

Kapelle

- Eine kleinere Schachtel mit rotem Dach versehen.
- Zwei Zahnstocher so zusammenkleben, dass ein Kreuz entsteht.
- Dieses Kreuz auf das Dach stecken.

Ziehbrunnen

- Eine Toilettenpapierrolle halbieren und schwarz anmalen.
- 2 Eisstiele oben gerade abschneiden, sodass eine glatte Klebefläche entsteht.
- Die unteren Enden der beiden Eisstiele an gegenüberliegenden Seiten am inneren Rand der Toilettenpapierrolle aufkleben.
- An dem 3. Eisstiel ein keines Stück Kordel mittig festknoten und locker herunterhängen lassen.
- Den Eisstiel mit der Kordel auf den Klebeflächen der beiden anderen Stiele festkleben und gut andrücken.

Zugbrücke

- Aus der Vorderseite der großen Pappschachtel ein Viereck als Zugbrücke ausschneiden, dabei den unteren Rand nicht abschneiden.
- Mit einer Prickelnadel zwei Löcher in die oberen Ecken des Burgtores und zwei weitere Löcher rechts und links neben die Toröffnung in die Burgwand bohren.
- Zwei Kordelstücke so lang abmessen, dass sich das Tor öffnen lässt.
- Je ein Stück Kordel durch die Burgwand in das Burginnere und durch die Löcher der Zugbrücke fädeln und außen an der Zugbrücke und an der Burginnenseite verknoten.
- Wenn das Burgtor hochgezogen werden soll, kann von der Burginnenseite an der Kordel gezogen werden, bis das Tor geschlossen ist. Dann einfach mit einem Knoten feststellen.

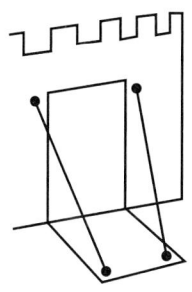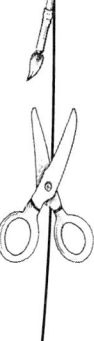

BVK PA200 · Ilse Best / Gudrun Müller: Projektwoche „Ritter"

Bastelangebot: Ritterburg (3)

Burganlage fertigstellen

- Alle fertigen Gebäude der Burg in dem großen Karton anordnen.
- Den Ziehbrunnen in die Mitte des Burghofes stellen.
- Den Brunnen mit Heißkleber befestigen.
- Auf den Boden als Dekoration Stroh, trockene Äste, kleine Kieselsteine und Vogelsand aufkleben.
- 4 Fähnchen herstellen: Je 2 kleine Filzstückchen, die an einer Seite abgeschrägt wurden, an einen Zahnstocher kleben und zusammentackern.
- Fähnchen an die Wehrtürme kleben.

Tipp: Lego®- oder Playmobil®-Figuren eignen sich hervorragend als Dekoration.

Bastelangebot: Brustpanzer

Material:
Kopien der Wappensymbole von S. 19, 2 Alu-Grillschalen, Klebeband, Prickelnadeln, Prickelunterlagen, Pfriem, breites Geschenkband in Silber, Schere

So geht es:
- Wappensymbole mit Klebeband auf den Grillschalen befestigen.
- Grillschalen auf die Unterlage legen und die Motivlinien mit nicht zu geringem Abstand prickeln.
  Vorsicht! Geprickeltes Motiv fällt sonst heraus!
- Mit dem Pfriem je 2 Löcher oben und je 2 unten an den beiden Seiten in die Grillschalen stechen.
- Beide Grillschalen an den oberen Seiten mit dem Geschenkband verbinden und über die Schultern hängen.
- Mit Geschenkband seitlich rechts und links unten an der Taille verbinden.

BVK PA200 · Ilse Best / Gudrun Müller: Projektwoche „Ritter"

Bastelangebot: Schild

Info: Ein Schild wird mit dem Wappen oder den Farben des jeweiligen Ritters bemalt, damit man ihn schon von weitem erkennt.

Material:

Schablone (Schild, s. S. 18), ein fester Karton (DIN A2), Bleistift, Schere, Kleber, Wappensymbole (s. S. 19), Plaka®-Farbe in Rot, Schwarz, Blau, Grün, Gold und Silber, Pinsel, Gold- und Silberfolie, breites Gold- oder Silbergeschenkband oder Rolladengurtband, Musterklammern, Klebeband, Stifte

So geht es:

- Schablonenumriss auf festen Karton (DIN A2) übertragen und ausschneiden.
- Den Rand nachmalen (z. B., um dem Schild Kontur zu geben). Bei der Farbwahl auf die spätere Wunschfarbe achten.
- Auf Wunsch Formen aus Gold- und Silberfolie ausschneiden und den Schild damit verzieren **oder**
- Wappensymbole als Auswahl auf Wunsch vergrößert kopieren, diese ausmalen und aufkleben **oder**
- Schild in den Wunschfarben anmalen.

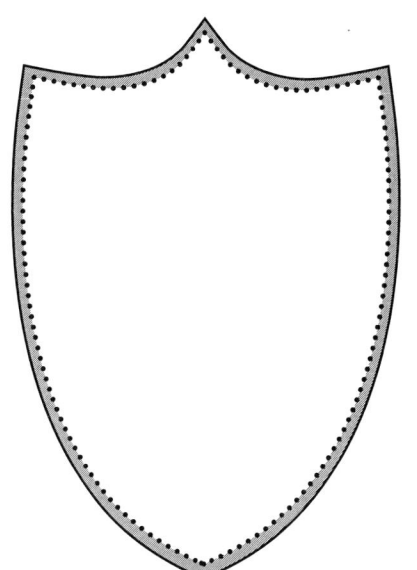

Halteriemen an 4 Löchern anbringen:

- Die Halteriemen aus breitem Gold- oder Silbergeschenkband oder aus Rolladengurtband herstellen.
- Bevor man die Bänder befestigt, die Länge und Lage der Gurte anprobieren und markieren. Entsprechend der Markierung vorsichtig je 4 Löcher in die Pappe und an entsprechender Stelle in das Geschenkband / den Rolladengurtband bohren.
  Darauf achten, dass die Löcher ein gutes Stück vom Rand des Schildes entfernt sind, damit sie nicht ausreißen.
- Löcher der Haltegurte genau auf die Löcher in der Pappe legen und beides mit Musterklammern zusammenhalten. Gegebenenfalls mit Klebeband fixieren.
- Zum Schluss das Schild ein wenig modellieren, indem es sanft gebogen wird.

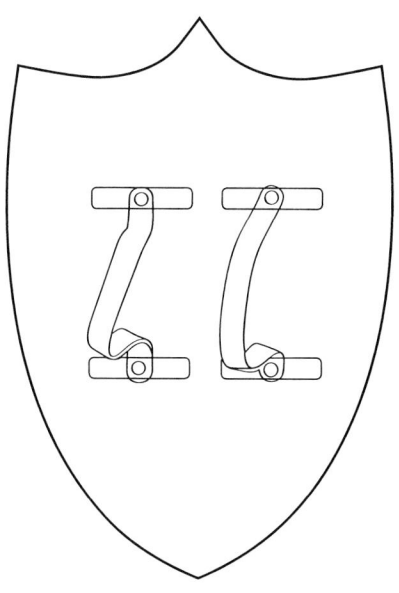

BVK PA200 · Ilse Best / Gudrun Müller: Projektwoche „Ritter"

Kopiervorlage: Schild

Hinweis:

Tipps zum Umgang mit den Kopiervorlagen finden Sie in den Vorbemerkungen (S. 3 – 4).

Kopiervorlage: Wappensymbole

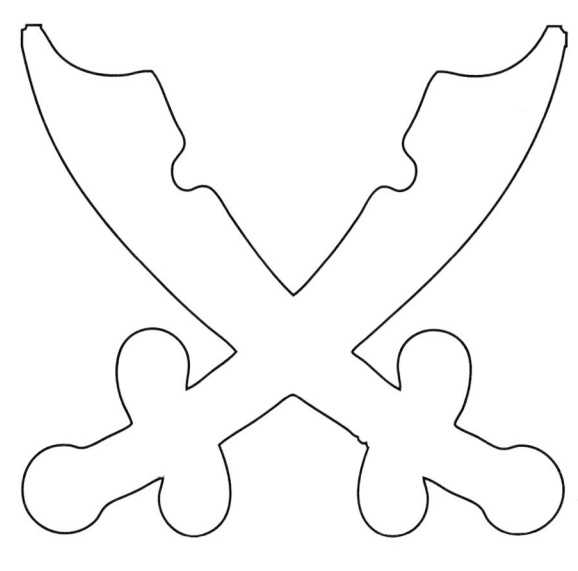

Bastelangebot: Schwert

Material:

Schablone (Schwert), dicke Pappe (stabiler Obst- oder Gemüsekarton), Bleistift, Cuttermesser, Schere, silberne und goldene Plaka®-Farbe, Pinsel, silbernes Gewebe-klebeband, Kleber, schwarzer Filzstift, evtl. bunte Schmucksteine

So geht es:

• Der Lehrer zeichnet den großen Schablo-nenumriss (ganzes Schwert) auf die feste Pappe auf und schneidet sie mit einem Cuttermesser vor. Die Kinder schneiden den Rest mit der Schere aus.

• Ist der Karton nicht sehr stabil, evtl. doppelt ausschneiden und zwei Schichten zusammenkleben.

• Das Schwert mit silberner oder goldener Plaka®-Farbe anmalen und trocknen lassen.

• Parierstange und Knauf mit silbernem Gewebeklebeband umwickeln.

• Von der Griffunterseite bis zum Klingen-ende mit schwarzem Filzstift mittig einen Strich zeichnen, dann sieht die Klinge eckiger aus.

• Auf Wunsch können auf den Griff noch bunte Schmucksteine geklebt werden.

Kopiervorlage:

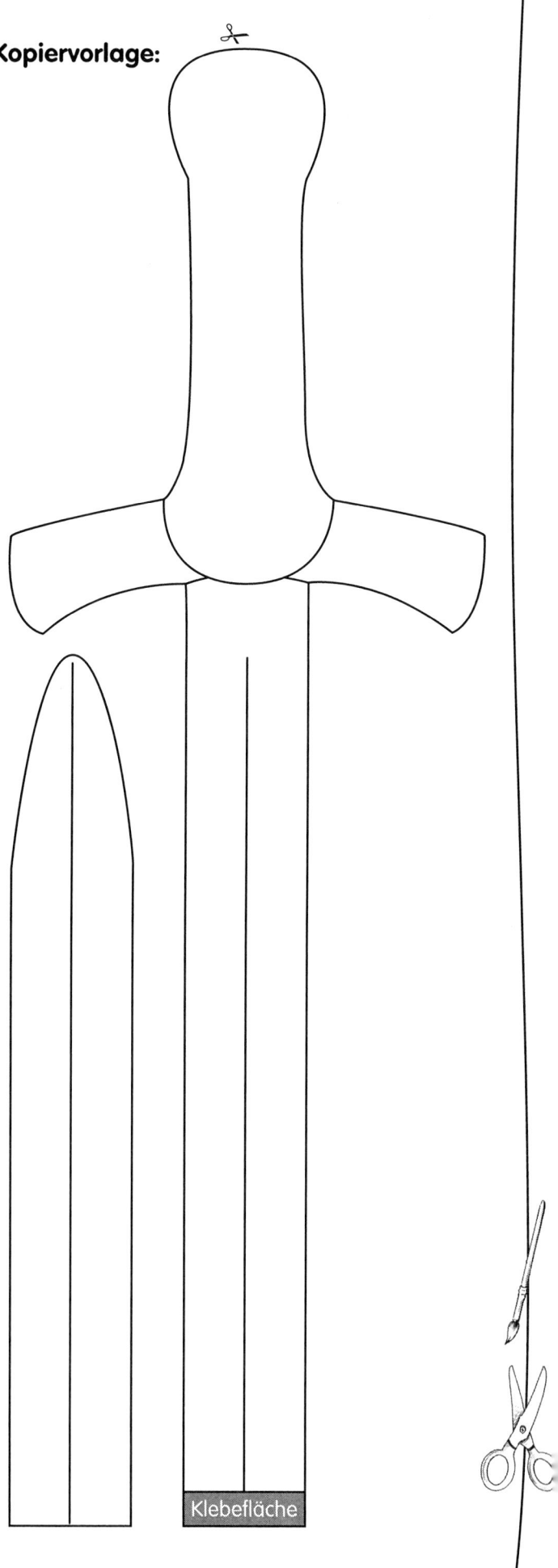

Klebefläche

BVK PA200 • Ilse Best / Gudrun Müller: Projektwoche „Ritter"

Bastelangebot: Schmuckkästchen für die Dame

Material:

Kleiner Schuhkarton (keine Kunststoffschachtel), weiße Acrylfarbe, Borstenpinsel, Servietten mit vornehm aussehenden Motiven, Schere, Kleber, Tortendeckchen, Aqualack, eine Auswahl aus Glitterstreu in verschiedenen Körnungen und Farben, Glitzersteinchen, Schmucksteinchen, kleine Glasperlchen und / oder Pailletten, Stoff oder Seidenpapier

So geht es:

• Schuhkarton oder Pralinenschachtel mit weißer Acrylfarbe gleichmäßig grundieren.

• Wenn der ursprüngliche Farbton noch durchscheint, muss nach dem Trocknen evtl. noch einmal grundiert werden.

• Während des Trocknens aus den Servietten entlang der Kontur gewünschte Motive ausschneiden. Die Serviettenlagen verbleiben beim Ausschneiden zusammen (kleine Motive sind leichter zu verarbeiten als große).

• Die oberste farbige Lage der Serviettenmotive von den unteren zwei Lagen vorsichtig abziehen, denn nur diese wird weiterverwendet.

• Die ausgeschnittenen Motive an die gewünschte Stelle legen.

• Auf Wunsch Motivstückchen aus den Tortendeckchen ausschneiden.

• Alle ausgeschnittenen Teile mit einem in den Aqualack getauchten Borstenpinsel vorsichtig (ohne großes Aufdrücken) von der Mitte aus glattstreichen.

• Das Schmuckkästchen evtl. mit Glitterstreu bestreuen.

• Wenn alles getrocknet ist, mit dem Pinsel eine komplette Deckschicht Aqualack aufstreichen.

• Wenn die Deckschicht trocken ist, das Schmuckkästchen auf Wunsch mit Glitzersteinchen, Schmucksteinchen, kleinen Glasperlchen und / oder Pailletten bekleben.

• An den inneren Rand der Schachtel Kleber streichen.

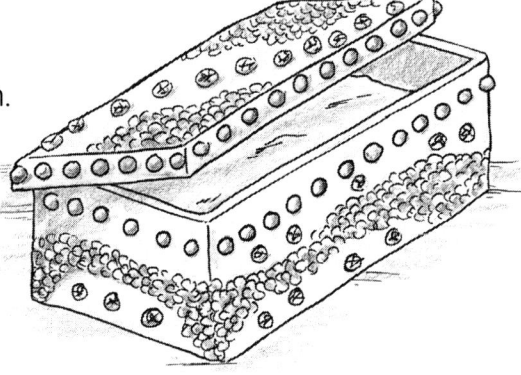

• Das Schmuckkästchen zuletzt mit Stoff oder Seidenpapier auskleiden.

BVK PA200 · Ilse Best / Gudrun Müller: Projektwoche „Ritter"

Bastelangebot: AnsteckNadel

Material:

1 kleiner Bogen Tonkarton, Kleber, Schere, verschiedene Buntstifte, Heißkleber, Sicherheitsnadel, Klebeband

So geht es:

• Die ausgewählte Vorlage auf den Tonkarton kleben und ausschneiden.
• Die Vorlage mit Buntstiften beliebig ausmalen.
• Auf der Rückseite der AnsteckNadel mit Heißkleber eine Sicherheitsnadel befestigen, sodass das Wappen / die Brosche an jedem Stoff problemlos angesteckt werden kann.
• Eventuell mit Klebeband zusätzlich fixieren.

Tipp: Die leeren Wappen können mit einem eigenen Wappensymbol selbstständig verziert werden.

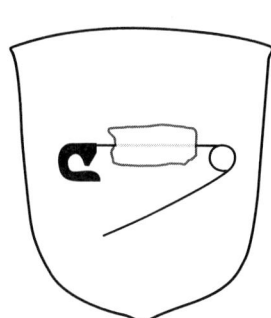

Kopiervorlage: AnsteckNadeln (Wappen)

Kopiervorlage: AnsteckNadeln (Brosche)

BVK PA200 • Ilse Best / Gudrun Müller: Projektwoche „Ritter"

Bastelangebot: Helm

Material:

1 silberner Tonkarton 60 x 20 cm (Helm),
1 silberner Tonkarton in mind. 25 x 25 cm,
1 silberner Tonkarton in DIN A4 (Visier), Tacker,
Klebeband, Maßband, Schere, Kleber, Prickelnadeln,
Prickelunterlagen, 2 Musterklammern, Stift

So geht es:

• Aus dem Tonkarton einen Zylinder formen, sodass er genau auf den
  Kopf des Ritters passt. Den Karton am Rand zusammentackern und
  die Tackerklammern mit Klebeband überkleben, um das Einklemmen
  der Haare zu verhindern.

• Aus dem zweiten Tonkarton einen Kreis von
  etwa 25 cm Durchmesser ausschneiden und
  bis zur Mitte einschneiden.

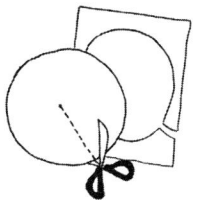

• Den Kreis leicht zu einem Kegel formen und zusammenkleben.

• Den Kegel auf den Zylinder legen und mit Klebeband von innen an vielen Stellen fixieren. Danach
  außen überstehenden Rand bündig abschneiden
  und von außen zusätzlich mit Klebeband fixieren.

• Mit Hilfe der Visier-Schablone (s. S. 24) das Visier aus silbernem
  DIN-A4-Karton herstellen.

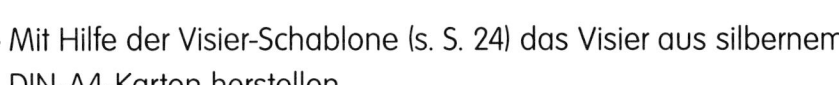
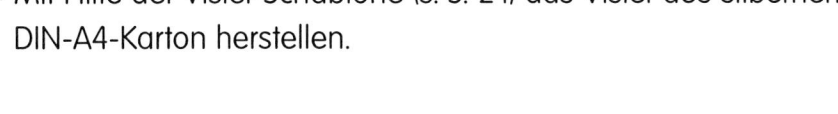

• An den Seiten des Zylinders (etwa oberhalb der Ohren) und an
  beiden Seiten des Visiers mit der Prickelnadel ein kleines Loch
  einstechen, die Musterklammern durchschieben und das Visier
  damit befestigen.

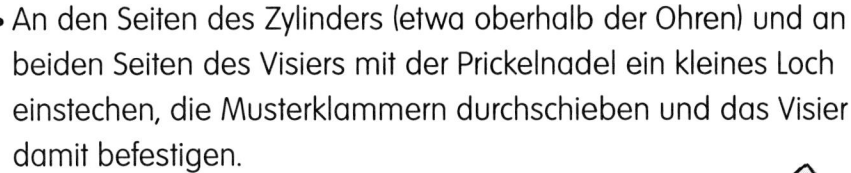

• Nun ist der Ritter fertig für das Turnier.

Kopiervorlage: Visier

Bastelangebot: Burgfräulein-Hut

Material:
Tonkarton in beliebiger Farbe (ca. 60 x 60 cm),
Schere, Stoff (z. B. Tüll), Kleber, Tacker, Prickelnadeln,
Prickelunterlagen, Gummiband, Maßband,
Dekomaterial (z. B. Glitzersteine, Perlen …), Stifte

So geht es:

- Aus dem Tonkarton einen Zylinder formen,
  sodass er genau auf den Kopf des
  Burgfräuleins passt.

- Den Tonkarton so zurechtschneiden, dass
  er nach oben hin schmal zusammenläuft.

- Einen dicken Knoten in das Stück Stoff machen und
  ihn auf den Tonkarton legen. Den Tonkarton so rollen
  und zusammenkleben, dass der Stoff bis zum Knoten
  unter der Pappe mit eingeklebt wird. Zusätzlich tackern
  und Tackerklammern mit Klebenband überkleben,
  um das Einklemmen der Haare zu verhindern.

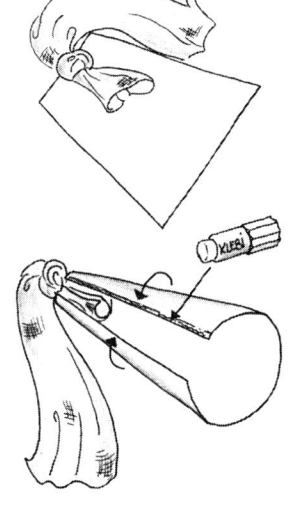

- Den Hut mit buntem
  Dekomaterial verzieren
  und bemalen.

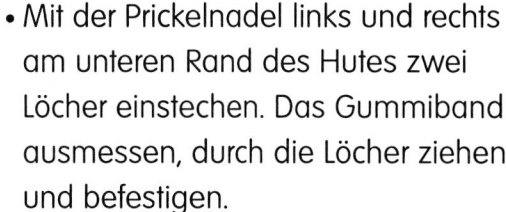

- Mit der Prickelnadel links und rechts
  am unteren Rand des Hutes zwei
  Löcher einstechen. Das Gummiband
  ausmessen, durch die Löcher ziehen
  und befestigen.

- Schon ist das Burgfräulein fertig für die Ritterspiele.

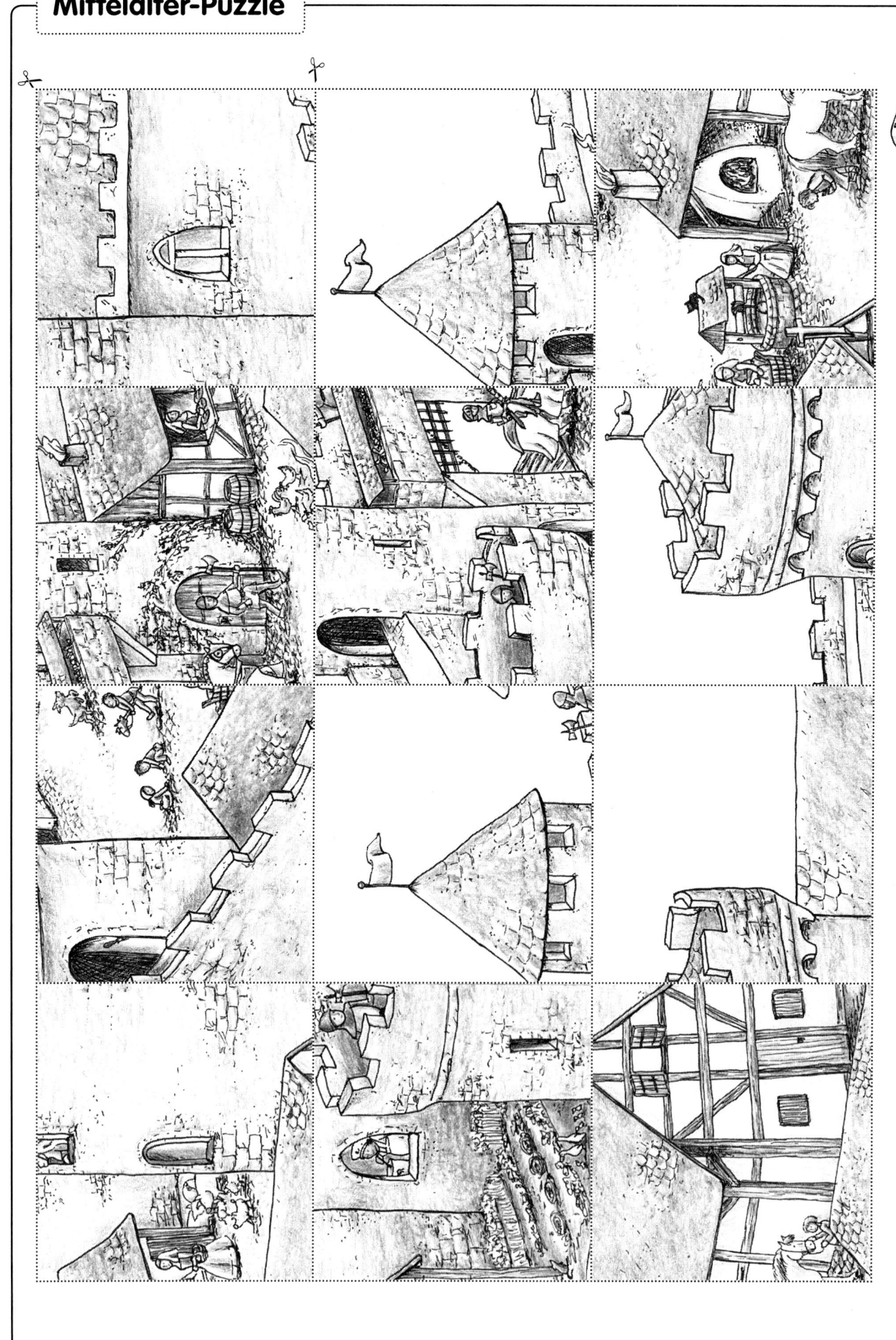

BVK PA200 · Ilse Best / Gudrun Müller: Projektwoche „Ritter"

Rüstungs-
domino

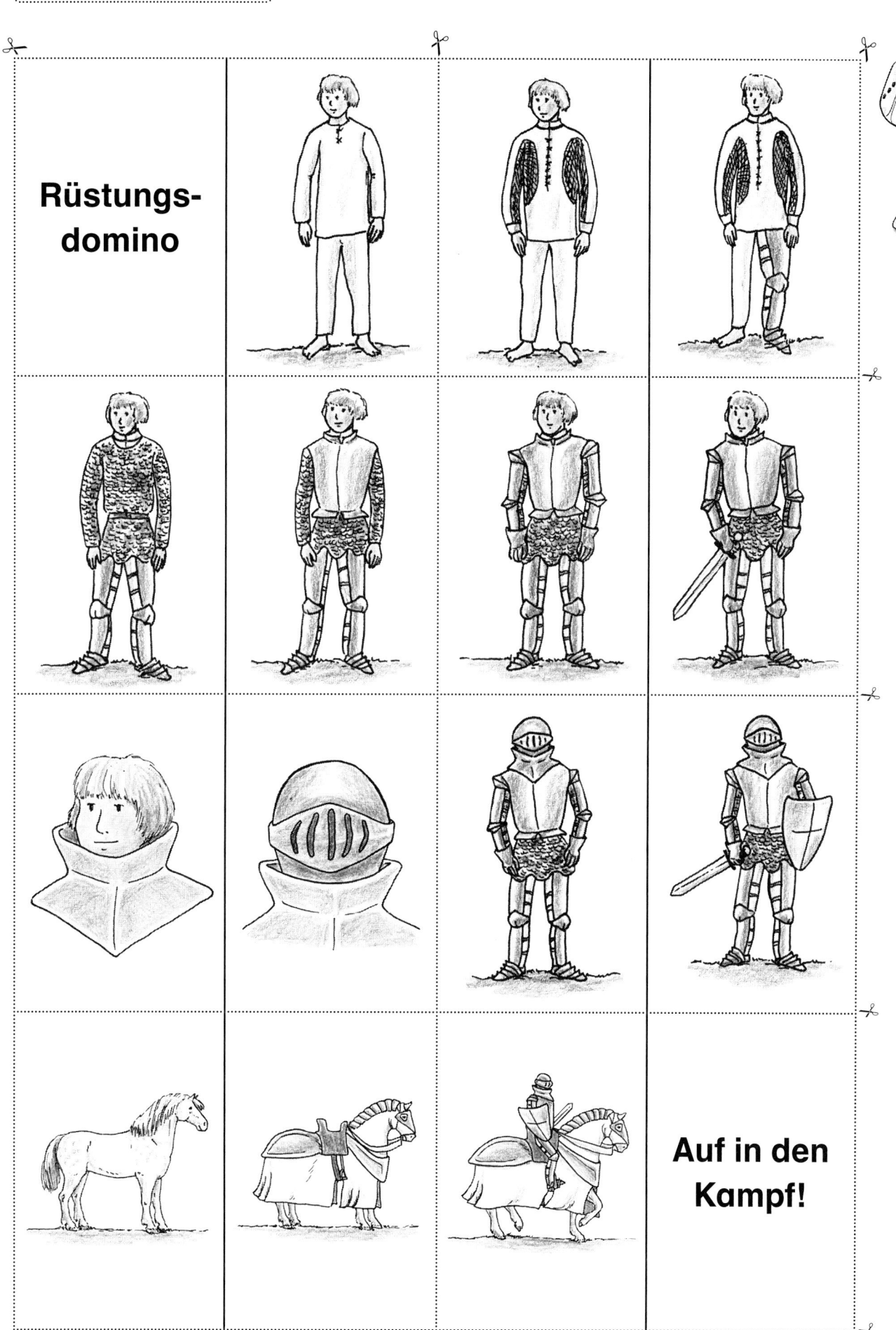

Auf in den Kampf!

BVK PA200 · Ilse Best / Gudrun Müller: Projektwoche „Ritter"

Ritter-Schnipp-Schnapp

Spielregeln:
- Die Spielkarten müssen 2-mal kopiert werden.
- Zwei Spieler sitzen sich gegenüber.
- Jeder hält die Hälfte der Spielkarten als Stapel verdeckt in einer Hand.
- Die Spieler drehen mit der anderen Hand gleichzeitig die obere Karte um und sagen dazu „schnipp".
- Erscheint das gleiche Motiv, bekommt derjenige beide Karten, der als Erster außer „schnipp" noch „schnapp" ruft.
- Sagt ein Spieler irrtümlich „schnapp", bekommt der andere Spieler die beiden Karten.
- Gewinner ist der Spieler, der am Schluss die meisten Karten hat.

Murmel in den Turm

Ziel des Spieles ist es, durch entsprechendes Bewegen des Kartondeckels, die beiden Kugeln in je ein rechtes und ein linkes Türmchen zu rollen.

Material:
1 Schuhkartondeckel (ca. 10 x 20 cm), Geschenkpapier, Acrylfarbe in 3 Farben, Pinsel, 2 Plastikbecher (z. B. Joghurt, Buttermilch, Sahne o. Ä.), Schere, Klebstoff, 2 Murmeln

So geht es:
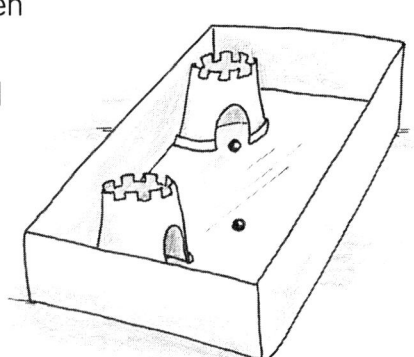
- Den Schuhkartondeckel mit Geschenkpapier beziehen und den Innenboden mit einer Farbe anmalen. Trocknen lassen.
- Den Boden der Plastikbecher abschneiden, den unteren Rand als Kleberand stehenlassen.
- Aus dem sich ergebenden oberen Rand die Zinnen wie in der Abbildung erst ein- und dann herausschneiden.
- Aus dem unteren Rand des Bechers ein Burgtor herausschneiden, das etwas größer als die Murmeln ist.
- Jedes Türmchen in einer anderen Farbe anmalen und mit dem unteren Rand in den Schuhkartondeckel einkleben.

Ritter-Kreiseln

für 2 Spieler

Material:
Kopie des Kreisels (s. S. 30) auf Pappe kopieren, Schere, Bunt- oder Filzstifte, Prickelnadeln, Prickelunterlagen, 1 Zahnstocher oder Schaschlikstäbchen, evtl. Laminiergerät und -folie

So geht es:
- Den Kreisel ausschneiden und nach Wunsch ausmalen. (Vielleicht kann eure Lehrerin oder euer Lehrer den Kreisel für euch laminieren.)
- Mit der Prickelnadel ein Loch in die Mitte bohren und den Zahnstocher oder das Schaschlikstäbchen durchstecken.

Spielregeln:
Die Spieler machen aus, wie viel Mal sie kreiseln möchten. Sie kreiseln dann abwechselnd und zählen die Summe der Seiten zusammen, auf denen der Kreisel zum Stehen kommt. Wer die meisten Punkte hat, gewinnt das Spiel.

BVK PA200 · Ilse Best / Gudrun Müller: Projektwoche „Ritter"

Kopiervorlage: Ritter-Kreiseln

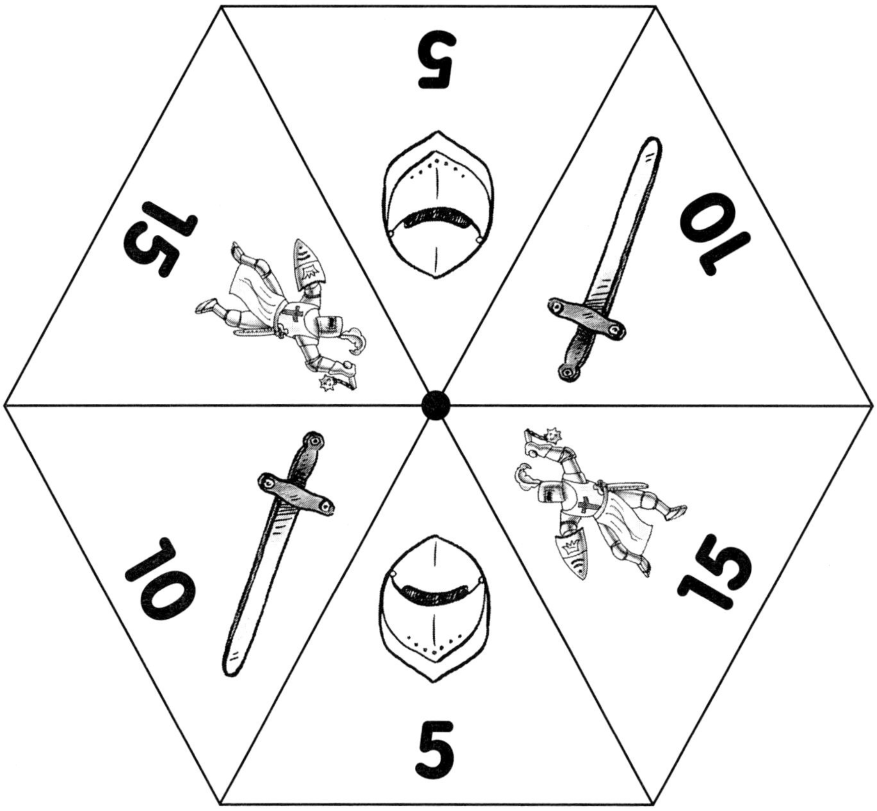

Schafsknochenspiel

für 2 Spieler

Material:
10 Holzstäbchen in Buntstiftlänge

Spielregeln:
Ein Spieler legt seine 5 Holzstäbchen auf den Boden.
Der andere Spieler wirft einen seiner Stäbe hoch und
versucht, während der Stab noch in der Luft ist, einen
anderen Stab vom Boden aufzuheben und seinen
eigenen wieder aufzufangen.
Dann wird getauscht.
Wer zuerst alle Stäbe hat, gewinnt das Spiel.

Ritterspiel: Das Ringstechen

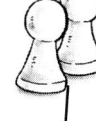

Material:

Kreide zum Markieren der Start- und Ziellinie, 1 Leine, Plastikring (ca. 20 cm Ø), Schnur, Lanze (Besenstiel), Brustpanzer, Helm

So geht es:

Mit Kreide wird eine Start- und Ziellinie markiert.

Der Plastikring wird an eine Schnur geknotet und damit etwa 1,50 m über dem Boden (z. B. an einem Ast oder Klettergerüst) befestigt.

Der Ritter trägt seinen Brustpanzer, seinen Helm und seine Lanze. Er setzt sich Huckepack auf seinen Partner, der sein Pferd ist.

Spielregeln:

Der Reiter muss im Vorbeilaufen den Ring mit seiner Lanze treffen. Vor dem Ring darf das Pferd nicht anhalten, denn der Ring muss während des Laufens getroffen werden.

Ritterspiel: Die Burg brennt

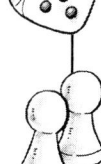

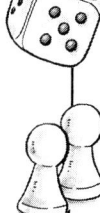

Material:

6 Eimer, 2 oder 4 Wasserwannen, Wasser

So geht es:

Zwei Mannschaften aus Rittern und Burgfräulein bilden je eine Wasserkette, bei der drei mit Wasser gefüllte Eimer weitergegeben werden. Am Anfang der Wasserkette steht zum Wasserholen je eine Wasserwanne.

Es gibt zwei Spielvarianten:

Mit dem Wasser werden Beete im Schulhof gewässert, bis die Wasserwanne leer ist. Welche Mannschaft kann schneller den Brand löschen und die Wanne leeren?

Oder:

Das Wasser wird in zwei weiteren Wannen, die am Ziel stehen, gesammelt. Welche Mannschaft hat mehr Wasser ans Ziel gebracht, um den Brand zu löschen?

Ritterspiel: Der Reiterkampf

Material:
Kreide zum Markieren der Start- und Ziellinie, 2 Bänder, Brustpanzer, Helm

So geht es:
Der Ritter trägt seinen Brustpanzer und seinen Helm. Jeder Ritter trägt in seinem Hosenbund ein Band, das herausschaut. Er setzt sich Huckepack auf seinen Partner, der sein Pferd ist.

Spielregeln:
Gewonnen hat, wer das Band des gegnerischen Ritters herausziehen konnte.

Das Spiel kann auch als Mannschaftsspiel gespielt werden.
Die Mannschaft, die die meisten Bänder erkämpfen konnte, hat gewonnen.

Ritterspiel: Tauziehen

Material:
Kreide zum Markieren der Gewinnlinie in der Mitte, Tau

So geht es:
Zwei Mannschaften aus Rittern und Burgfräulein ziehen gegeneinander an einem Tau.

Spielregeln:
Die Mannschaft, die die andere über die Gewinnlinie ziehen kann, hat gewonnen.

Ritterspiel: Schildkampf

Material:

Kreide zum Markieren des Spielfeldes, Softball in Tennisballgröße, Schild, Helm, Brustpanzer

Spielregeln:

Der Ritter mit Helm, Brustpanzer und Schild steht im Spielfeld.

Die Mitspieler befinden sich außerhalb des Feldes und versuchen, mit dem Softball den Ritter zu treffen. Der Ritter wehrt den Softball mit seinem Schild ab.

Wer den Ritter trifft, übernimmt dessen Rolle und muss selbst die Bälle abwehren.

Ritterspiel: Sprung-Fuchsen

Material:

Kreide zum Markieren der Start- und Ziellinie, 2 mittelgroße Steine

Spielregeln:

Zwei Mannschaften aus Rittern und Burgfräulein spielen gegeneinander.

Der erste Ritter wirft den Stein so weit, wie er meint, aus dem Stand springen zu können. Erreicht er den Stein, hebt er ihn auf und der nächste Ritter aus der Mannschaft wirft von dieser Stelle aus den Stein.

So bewegt sich die Mannschaft Richtung Ziellinie.

Hat der Ritter den Stein zu weit geworfen und kann ihn nicht mehr aufheben, so muss der nächste Ritter von der Stelle aus weitermachen, die die Mannschaft bisher erreichte.

Welche Mannschaft erreicht das Ziel zuerst?

BVK PA200 · Ilse Best / Gudrun Müller: Projektwoche „Ritter"

BVK PA200 · Ilse Best / Gudrun Müller: Projektwoche „Ritter"

Ritterspiel: Ringwerfen

Material:

Brustpanzer, Helm, Lanze (Besenstiel), Plastikring ca. 20 cm Ø

So geht es:

Der Ritter trägt seinen Brustpanzer, seinen Helm und seine Lanze.
Ein anderer Mitspieler hält einen Plastikring.

Spielregeln:

Der Ritter versucht, den Plastikring, der ihm
zugeworfen wird, mit seiner Lanze aufzufangen.
Wie oft gelingt ihm dies bei 5 Würfen?

Ritterspiel: Das Wettreiten der Ritter

Material:

Kreide zum Markieren der Start- und Ziellinie, Brustpanzer, Helm

So geht es:

Der Ritter trägt seinen Brustpanzer und seinen Helm.
Er setzt sich Huckepack auf seinen Partner, der sein
Pferd ist.

Spielregeln:

Mehrere Rittergespanne treten gegeneinander
an und galoppieren so schnell es geht zur
Ziellinie. Wer zuerst ankommt, gewinnt.

BVK PA200 · Ilse Best / Gudrun Müller: Projektwoche „Ritter"

Ritterspiel: Anstoßen

Material:

Kreide oder Stöckchen zum Markieren der Startlinie, pro Spieler 3 Murmeln

Spielregeln:

Der erste Mitspieler rollt eine Murmel von der Startlinie aus weg.

Der zweite Mitspieler versucht, mit seiner Murmel die des ersten Spielers zu treffen.

Trifft er sie, so bekommt er die Murmel. Trifft er sie nicht, so bekommt das erste Kind beide Murmeln.

Wer zuerst alle Murmeln des Gegners gewonnen hat, ist Sieger.

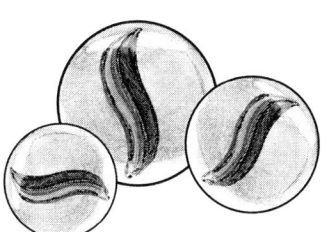
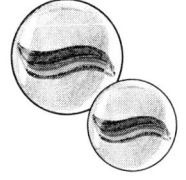

Ritterspiel: Das Tor des Königs

Material:

Sandboden, kleine Schaufel, 2 Stöckchen zum Markieren der Startlinie und zur Eingrenzung des Tores, pro Spieler 3 Murmeln

Spielregeln:

Es wird eine kleine Zielgrube gegraben. Die 2 Stöckchen werden rechts und links als „Tor" an den Grubenrand gesteckt und einige Meter davon entfernt eine Wurflinie gezogen.

Die Murmeln sollen durch das „Tor" in die Grube gekullert werden.

Wer das Tor und die Grube verfehlt, verliert seine Murmel.

Wer durch das Tor trifft, *ohne* dass die Murmel in der Zielgrube liegenbleibt, bekommt seine Murmel zurück.

Wer so durch das Tor trifft, dass seine Murmel in der Grube liegenbleibt, bekommt alle Murmeln, die das Ziel verfehlt haben.

Gewonnen hat, wer am Ende die meisten Murmeln besitzt.

BVK PA200 · Ilse Best / Gudrun Müller: Projektwoche „Ritter"

Ritter

Projektwochenheft von

_____

BVK PA200 · Ilse Best / Gudrun Müller: Projektwoche „Ritter"

Wer waren die Ritter?

Im Mittelalter zogen viele Soldaten zu Fuß in den Krieg. Nachdem Steigbügel, bessere Sättel und schwere Lanzen erfunden waren, konnten die Soldaten auf Pferden in die Schlacht reiten. Diese reitenden Soldaten nannte man „Ritter". Sie waren also bewaffnete Reiter.

Wer Ritter werden wollte, musste besonders ausgebildet werden. Diese Ausbildung war sehr teuer und nur adlige Familien hatten genug Geld dafür. Mit sieben Jahren begannen die Jungen ihre Ausbildung als Page, ab dem 14. Lebensjahr wurden sie Knappe und erst mit etwa 21 Jahren konnten sie zum Ritter geschlagen werden. Dafür kniete der Ritter vor dem König, einem Priester oder einem Bischof und der berührte die Schultern des jungen Mannes vorsichtig mit der Schwertklinge. Erst dann durfte der Ritter in den Kampf ziehen und an Turnieren teilnehmen.

Einige junge Ritter erbten von ihren Vätern eigene Ländereien oder eine Burg. Andere Ritter waren nicht so wohlhabend und arbeiteten deswegen für einen Landfürsten. Wenn der Ritter sich gut anstellte, teilte der Landfürst ihm eigenes Land zu, in dem er regieren durfte. Manchmal erhielt auch er eine eigene Burg und beschützte dafür die Handwerker und Bauern, die ihm wiederum einen Teil ihres Einkommens abgaben.

Ein Ritter musste tapfer und mutig sein. Am wichtigsten waren aber die sogenannten „Tugenden". Das waren gute Eigenschaften wie Nächstenliebe, Höflichkeit, Ehrlichkeit und Großzügigkeit.

Aufgabe:
Lies den Text und unterstreiche die richtigen Antworten in den angegebenen Farben.
- Was bedeutet das Wort „Ritter"? (Braun)
- Aus welchen Familien stammten die Ritter? (Grün)
- Wie alt musste man sein, um zum Ritter geschlagen zu werden? (Gelb)
- Nach welchen Tugenden musste ein Ritter leben? (Blau)

Tipp: Wenn du mehr über die Ritterausbildung erfahren willst, sieh dir das Blatt „Vom Pagen zum Ritter" an.

BVK PA200 · Ilse Best / Gudrun Müller: Projektwoche „Ritter"

Sicher träumt so mancher davon, auf einer Burg zu wohnen. Aber das Leben dort war weder romantisch noch gemütlich. Auf der Burg lebten **der Burgherr, seine Frau und seine Kinder, Mägde, Knechte, Köche, Handwerker und zeitweise auch Händler.**

Die Burgen waren meist **an schwer zugänglichen Orten** erbaut: auf vorspringenden Felsen, auf Gipfeln von Bergen oder hinter einem breiten Wasserlauf. Sie sollten ja die Bewohner vor Feinden schützen. Zusätzlich wurden oft dicke Mauern, Türme und Gräben gebaut.

Außer dem Wehrturm, auch **„Bergfried"** genannt, gab es in jeder Burg das Haupthaus, den **„Palas".** Dort befand sich der eigentliche Wohnraum.
Für Frauen und Kinder war die **„Kemenate"** vorgesehen. Sie war der einzige Raum der Burg, der mit einem Kamin beheizbar war. Allerdings war es auch dort im Winter selten gemütlich warm, denn die Fenster hatten keine Glasscheiben. Sie wurden bei Kälte nur mit einfachen Holzläden verschlossen. Als Beleuchtung gab es einfache Öllampen, die nicht sehr hell brannten und schnell qualmten.

Alle Wohnräume waren sehr **einfach eingerichtet.** Die meist fest eingebauten Betten gab es nur für den Burgherrn und seine Familie. Alle anderen Burgbewohner, die Mägde und Knechte, **schliefen auf Stroh.** Zum Sitzen hatte man Hocker und Holzbänke. Kleider und andere wichtige Dinge bewahrte man in großen Truhen auf.
Brauchte man Tische – zum Beispiel, wenn ein Gast zu Besuch kam – so legte man einfach Bretter über Holzböcke. Diener trugen dann die fertig gedeckte Tischplatte in den Saal.
Die Menschen auf der Burg **sorgten selbst für ihre Unterhaltung.** Sie tanzten, hörten Gedichte und Lieder und spielten Brettspiele. Abwechslung brachte sonst nur die Jagd auf Rehe, Hirsche und Wildschweine, oder sogar auf Bären und Wölfe.

In jedem Geschoss einer Burg gab es ein **„Heymliches Gemach",** eine Toilette. Über einem runden Loch befand sich eine Steinplatte, abgeschirmt mit Stoff oder einer Tür. War ein Burgbewohner auf der Toilette, so fiel sein „Geschäft" durch einen Schacht in den Burggraben.

Alle auf der Burg lebenden Menschen gingen ihren Arbeiten nach. Die **Knechte** mussten sich um die Pferde und die Waffen kümmern, die **Mägde** halfen der Burgherrin bei der täglichen Arbeit. Um Essen und Trinken kümmerte sich der **Mundschenk.**
Der **Burgvogt** überwachte alle Abgaben, die die Bauern zu entrichten hatten und trug alles in ein Wirtschaftsbuch ein. **Wächter** bewachten vom Wehrgang aus die Burg und sorgten so für die Sicherheit der Burgbewohner. Außerdem wurde jeden Morgen von einem **Priester** die Messe in der Burgkapelle gehalten.

BVK PA200 · Ilse Best / Gudrun Müller: Projektwoche „Ritter"

Leben und Wohnen in der Burg (2)

2

Aufgaben:

1. Lies den Text.
2. Male dann die Zahlenfelder der richtigen Antwort aus.

   Achtung: Die richtigen Zahlen können mehrfach vorkommen.

• Auf der Burg lebten …	die Bauern. (11)
	der Burgherr und seine Familie. (3)
• Die Orte für den Burgbau waren …	schwer zugänglich. (6)
	leicht zugänglich. (16)
• Die Burgen sollten …	für alle Menschen offen sein. (2)
	vor Feinden schützen. (8)
• Das Haupthaus der Burg heißt …	Palas. (1)
	Plasta. (15)
• Die Kemenate ist für …	die Ritter. (13)
	die Frauen und Kinder. (4)
• Geheizt wurde …	mit Heizkörpern. (14)
	mit einem Kamin. (5)
• Die Fenster …	waren offen. (12)
	hatten Glasscheiben. (10)
• Als Beleuchtung gab es …	Öllampen. (9)
	Glühlampen. (7)

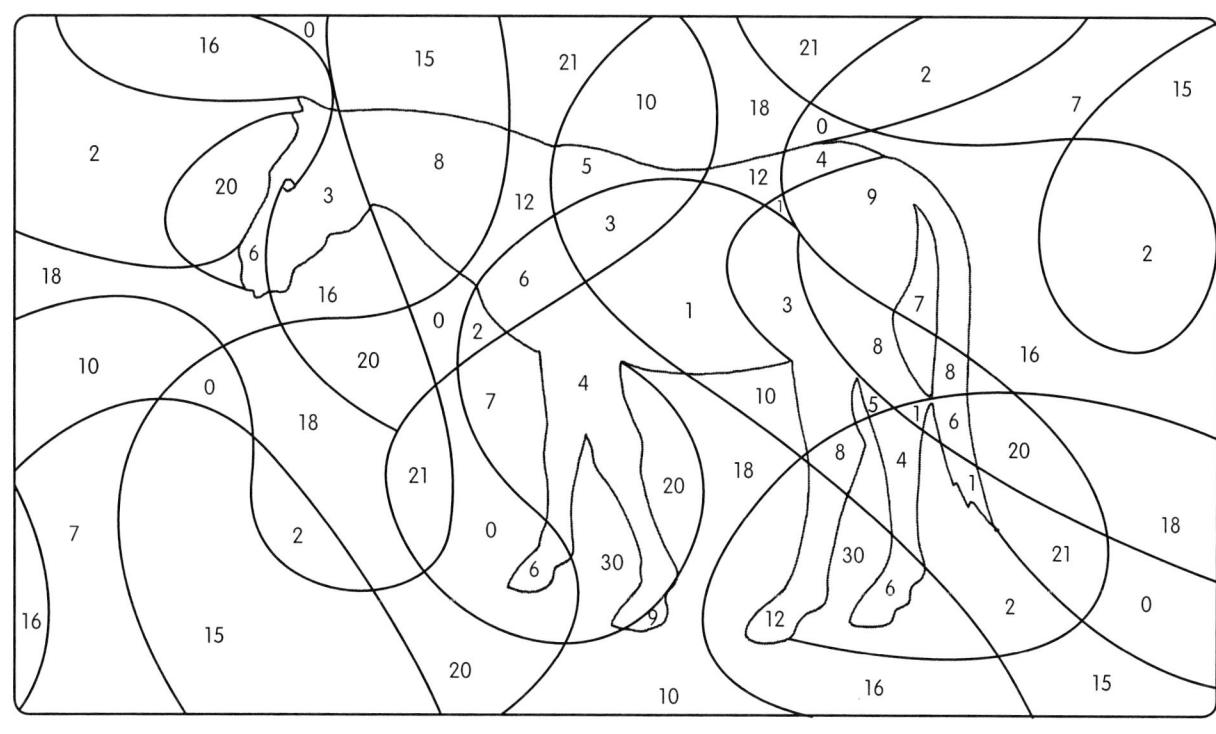

BVK PA200 · Ilse Best / Gudrun Müller: Projektwoche „Ritter"

Der Bergfried

Der Bergfried diente im Angriffsfall als Schutzraum für die Burgbewohner. Von hier aus konnte man sich verteidigen, wenn Feinde die anderen Teile der Burg bereits eingenommen hatten.

Aufgabe:

Verbinde die Texte mit den passenden Räumen und male die Bilder sorgfältig aus.

Hier schliefen der Burgherr und seine Familie oft in einem einzigen Bett.

Hier lagerte man die Vorräte. Außerdem gab es hier einen Brunnen.

Hier sperrte man die Gefangenen ein.

Hier schliefen die Wachen oder hielten sich nach ihrem Dienst auf.

Der Burgherr speiste hier mit seiner Familie. Hier wurden auch die Gäste empfangen.

Die Burg als Verteidigungsanlage (1)

Obwohl alle Burgen sehr verschieden aussahen, waren bestimmte Gebäudeteile bei jeder Burg anzutreffen.

Eine mächtige **Ringmauer** umgab fast alle Burgen. Diese Mauer war bis zu 3 Meter dick und hatte kleine Öffnungen, die **Schießscharten.** Hinter ihnen standen die Bogenschützen, wenn die Burg von Feinden angegriffen wurde. Man hatte einen guten Überblick über das Land und konnte Angreifer rechtzeitig entdecken.

Wehrgänge verbanden die Mauer mit den **Wehrtürmen.** Von dort konnten die Wachen die Burg von allen Seiten verteidigen.

Durch die **Mauerzinnen** konnte der Feind beobachtet und bekämpft werden.

Der **Wassergraben** um die Burg herum war ein weiteres Hindernis für Angreifer. Bei dem Versuch, hindurchzuschwimmen und an die Burg heranzukommen, waren sie ungeschützt den Pfeilen und Speeren der Burgverteidiger ausgesetzt.

Das **Burgtor** mit der **Zugbrücke** war der einzige Eingang zur Burg.
Bei Gefahr zog man die Zugbrücke hoch und der Eingang war verschlossen. Zusätzlich wurde noch ein schweres **Fallgitter** herabgelassen.

Schafften es die Angreifer trotzdem, in die Burg einzudringen, mussten sie noch das innere Burgtor mit der **Pechnase** bezwingen. Durch die Pechnase schleuderten die Verteidiger der Burg glühend heißes Pech auf die Angreifer hinab.

Der Hauptturm der Burg, **Bergfried** genannt, überragte alle anderen Gebäude. Er war die letzte Fluchtmöglichkeit der Burgbewohner. Der Eingang lag meist mehrere Meter über dem Boden und konnte nur mit einer Leiter erreicht werden. Im Bergfried befanden sich für den Fall der Belagerung **Vorratsräume** und die **Waffenkammer.**

Im **Palas,** dem eigentlichen Wohnhaus, befanden sich die Gemächer des Burgherrn. Dort waren auch der **Rittersaal** und die **Burgküche** untergebracht. Gekocht wurde über einem offenen Feuer. In den Kellerräumen wurden Vorräte gelagert.

Der einzige Raum, der mit einem Kamin beheizt werden konnte, war die **Kemenate** der Burgherrin. Oft befand sie sich auch in einem eigenen, an den Palas angebauten Gebäude.

Brunnen waren für die Bewohner lebensnotwendig. Wurde die Burg von Feinden längere Zeit belagert, mussten die dort lebenden Menschen und Tiere genügend Wasser zum Trinken haben.

BVK PA200 · Ilse Best / Gudrun Müller: Projektwoche „Ritter"

Die Burg als Verteidigungsanlage (2)

4

Aufgabe:

Lies den Text und versuche, das Rätsel zu lösen. Das Bild auf der nächsten Seite hilft dir dabei. Du erhältst ein Lösungswort.

1. Die … öffnete oder verschloss das Burgtor.
2. Die … umgab fast alle Burgen.
3. Von dort verteidigten die Wachen die Burg vor Feinden.
4. Das … konnte zusätzlich herabgelassen werden.
5. Dahin flüchtete man im Notfall.
6. Dort holten die Menschen ihr Wasser.
7. Die … schleuderte heißes Pech auf Angreifer.
8. Hier lebte die Burgherrin.
9. Feinde waren ungeschützt, wenn sie versuchten, ihn zu durchqueren.
10. Hier lebte der Burgherr.

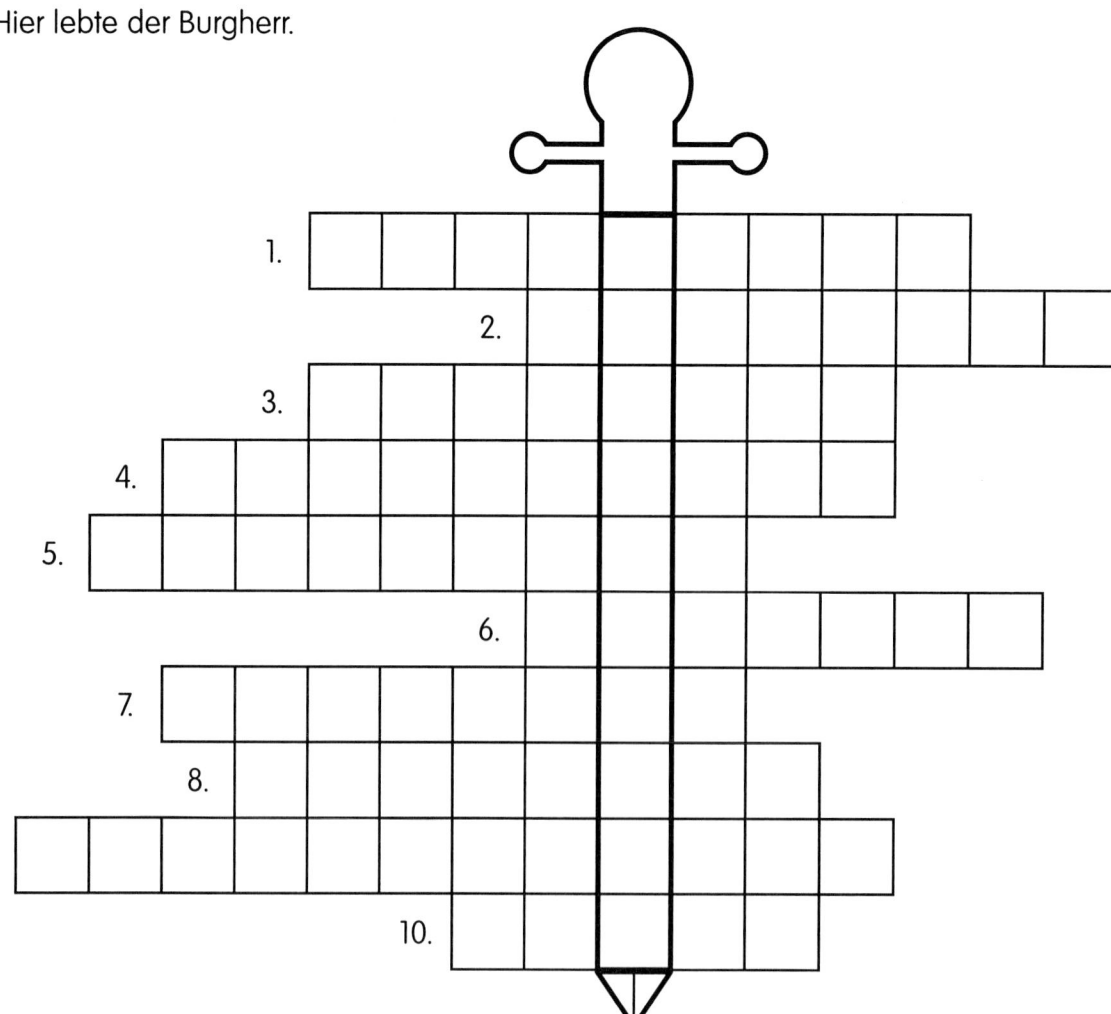

Lösungswort: _____ _____ _____ _____ _____ _____ _____ _____ _____

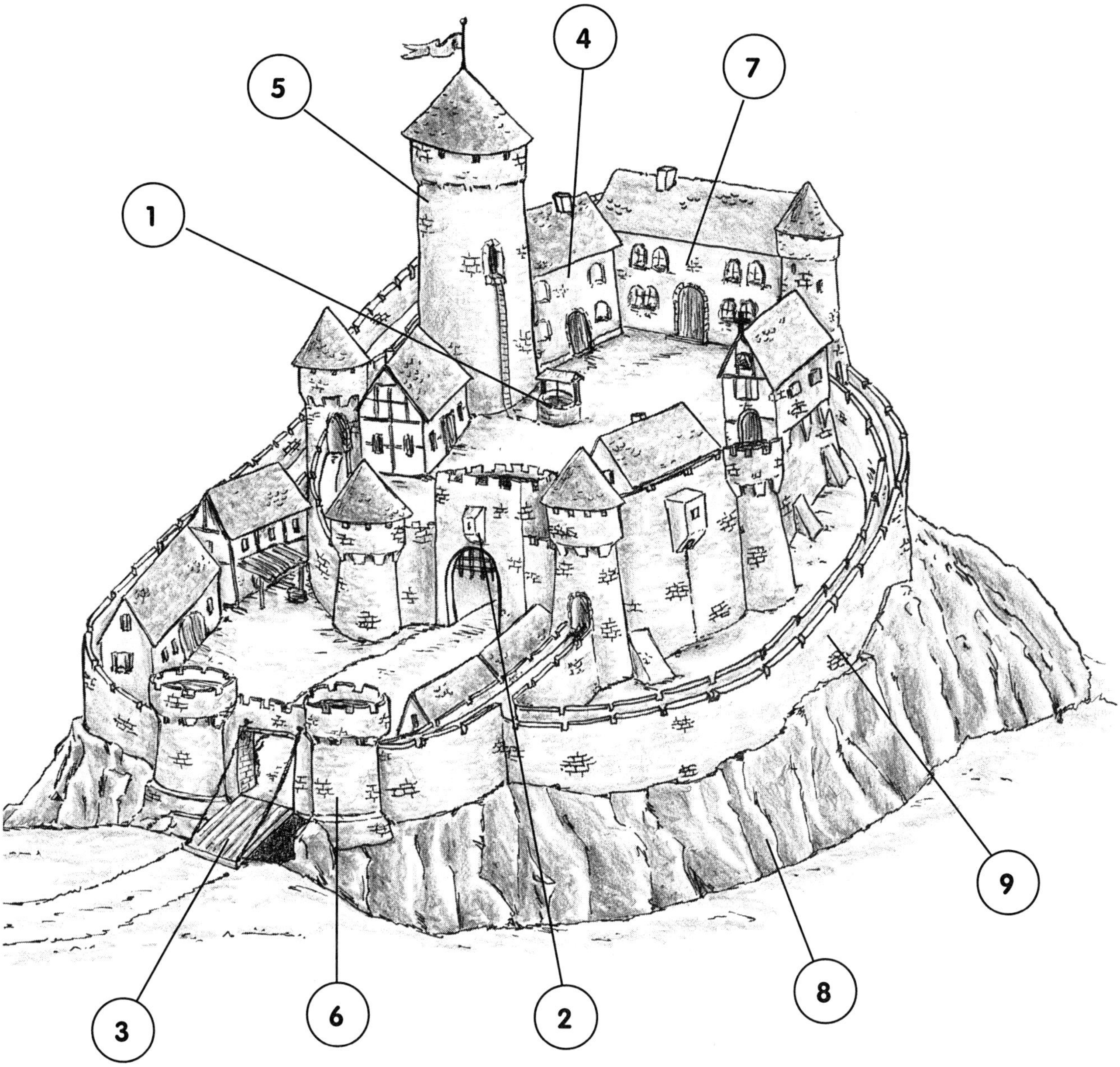

Wenn du die vorigen Seiten genau gelesen und bearbeitet hast, kannst du die wichtigsten
Teile der Burganlage benennen.

Setze die Zahlen ein und male die Burg an!

Pechnase = _____   Brunnen = _____   Ringmauer = _____

Bergfried = _____   Wassergraben = _____   Zugbrücke = _____

Palas = _____   Wehrturm = _____   Kemenate = _____

BVK PA200 · Ilse Best / Gudrun Müller: Projektwoche „Ritter"

Der Burgherr und seine Aufgaben

Im Mittelalter war die Burg der Wohnsitz eines Burgherrn.

Nicht jeder Ritter war gleichzeitig auch Burgherr. Denn um eine Burg bauen und unterhalten zu können, brauchte man viel Geld, z. B. für Rüstungen und Waffen.

Die meisten Ritter aber lebten eher in bescheidenen Verhältnissen und hatten nicht die Möglichkeit, Burgherr zu werden. Manche wohnten dennoch auf einer Burg, z. B. als Angestellte ihres Dienstherren. Ein Burgherr besaß oftmals sogar mehrere Burgen. Er hielt sich einen Hofstaat, von der Küchenmagd bis zum Minnesänger, der ihm bei der Erfüllung seiner Aufgaben zur Seite stand.

Der Burgherr verwaltete von seiner Burg aus seine Ländereien. Er herrschte meist mit strenger Hand über das Land und die Menschen und legte die Gesetze fest.

Er selbst musste sich allerdings vor dem König rechtfertigen.

Zur Burg gehörten auch die umliegenden Dörfer mit ihren Bewohner. Diese Bewohner, meist Bauern, waren die Untertanen des Burgherrn. Der Burgherr stellte ihnen Wohnung und Land zur Verfügung und war zu ihrem Schutz verpflichtet. Dafür mussten die Bauern allerdings ein Zehntel ihrer Ernte abliefern.

Aufgabe:

Was verkündet der Herold im Auftrag des Burgherrn?

Die Burgherrin und ihre Aufgaben

Im Mittelalter hatten die Mädchen und Frauen viel weniger Freiheiten als die Jungen und Männer. Natürlich hatten sie auch viel weniger Freiheiten als die Mädchen und Frauen heute. Schon im Alter von 12 bis 16 Jahren wurde ein Mädchen verheiratet. Die Verhandlungen nahm der Vater in die Hand und das Mädchen wurde nicht nach den eigenen Wünschen gefragt. Wichtig war nur, dass die zukünftige Burgherrin viele Kinder zur Welt brachte, am liebsten Jungen. Die Kinder wurden meist von einer Amme großgezogen, die die Kinder stillte und wie eine Mutter versorgte.

Eine Burgherrin hatte außer der Amme noch weitere Bedienstete: Zofen, Diener und Küchenpersonal. Sie selbst musste die Verwaltung der Burg übernehmen, wenn der Ehemann in den Krieg zog.

Als Burgherrin war sie zuständig für wichtige Entscheidungen auf der Burg:
- Sie kümmerte sich um die Familie.
- Sie beaufsichtigte das Personal.
- Sie kontrollierte und bestimmte den Einkauf der Vorräte.
- Sie pflegte den Garten und ließ das Vieh versorgen.
- Sie stellte Kleidung her, nähte und stickte.
- Sie organisierte Feste auf der Burg und stellte das Programm zusammen.
- Sie unterrichtete die Kinder im Lesen und Lautespielen.
- Sie war für die Krankenpflege zuständig.

In ihrer Freizeit beschäftigte sich die Burgherrin mit Handarbeiten oder ging auf die Jagd.

Aufgabe:
Lies den Text und löse das Rätsel.

1. Die Burgherrin kümmerte sich um die …
2. Sie kontrollierte die …
3. Sie beaufsichtigte das …
4. Sie nähte, stickte und stellte … her.
5. Sie organisierte auf der Burg …

6. Sie unterrichtete die Kinder im …
7. Sie pflegte den …
8. Sie war für die … zuständig.
9. Sie kümmerte sich darum, dass das … versorgt wird.

Lösungswort: ___B___ ___ ___ ___ ___ ___ ___ ___ ___ ___
                   2. 3. 4. 5. 6. 7. 8. 9. 10.

BVK PA200 · Ilse Best / Gudrun Müller: Projektwoche „Ritter"

In der Ritterzeit wurden Mädchen und Jungen bis zum 7. Lebensjahr gemeinsam erzogen.

Die **Jungen** zogen dann oftmals auf andere Burgen. Dort fand die Erziehung bei einem anderen Ritter statt. Die Jungen wurden im Fechten, Reiten, Bogenschießen, Schwimmen und Jagen sowie in höfischem Benehmen unterrichtet. Erst im Alter von 21 Jahren kehrten sie wieder zur Burg ihres Vaters zurück.

Die **Mädchen** blieben auf der Burg. Sie dienten der Burgherrin und wurden ausgebildet, um später selbst gute Mütter und Burgherrinnen zu werden. Sie lernten, im Haushalt zu helfen, zu putzen, zu kochen und Brot zu backen. Da man Kleidung nicht fertig kaufen konnte, mussten die Mädchen auch Spinnen, Weben und Nähen lernen. Ärzte waren in der damaligen Zeit selten, die Krankenpflege war Aufgabe der Frauen. Die Mädchen lernten schon früh die verschiedenen Heilkräuter kennen und unterscheiden und konnten Wunden versorgen.

Als Tochter eines Ritters gehörten selbstverständlich auch höfisches Benehmen, Tanzen, der Umgang mit Pferden und das Reiten zur Ausbildung. Für diese Ausbildung war die Burgherrin zuständig. Außerdem lehrte sie ihre Kinder oft auch das Lesen, Schreiben und Musizieren. Daher konnten die Töchter von Rittern oft besser lesen und schreiben als die Männer.

Die Bauernkinder waren froh, wenn sie etwas zum Anziehen hatten und trugen nicht so schicke Kleider, wie die Kinder am Hof. Sie mussten von Sonnenaufgang bis Sonnenuntergang arbeiten, also etwa 12 Stunden am Tag. Sie halfen bei allen Arbeiten im Haus und auf dem Feld, z. B. den Hof sauber halten, Schweine füttern, Heu wenden, Korn dreschen, Flachs verarbeiten und Wolle spinnen. Mittags durften sie eine Pause von einer Stunde einlegen.

Aufgaben:

1. Kreise die 10 Unterschiede der beiden Bilder auf der nächsten Seite ein.
2. Stelle dir vor, du wärst ein Mädchen oder ein Junge aus der Ritterzeit.
   Wie würde sich dein Leben von deinem richtigen Leben unterscheiden?
   Schreibe und male auf die Rückseite.

Vom Pagen zum Ritter

Auf den Abbildungen kannst du sehen, was ein Junge lernen musste, um in den Kreis der Ritter aufgenommen zu werden.

Aufgabe:
Verbinde die Bilder mit den passenden Texten und male sie aus.

Ab dem 14. Lebensjahr wurde der Page zum Knappen. Er versorgte nun die Pferde seines Ritters, putzte die Waffen und wurde im ritterlichen Kampf ausgebildet.

Der Junge, der Ritter werden sollte, begann mit sieben Jahren die Ausbildung als Page. Die Ausbildung wurde meistens bei einem Ritter einer anderen Burg gemacht. Deswegen mussten die Jungen häufig ihr Zuhause verlassen.

Mit etwa 21 Jahren endete die Ausbildung und der junge Mann wurde in den Ritterstand erhoben. Dies geschah durch den Ritterschlag. Der König, ein Priester oder ein Bischof tippte ihm dabei leicht mit der Schwertklinge auf die Schulter.

Der Page wurde auch mit dem Gebrauch von Waffen vertraut gemacht. Er lernte Bogenschießen, Fechten, das Reiten in schwerer Rüstung und das Verhalten im Faustkampf.

Als Page lernte der Junge, „höflich" zu sein. Man brachte ihm Schwimmen, Tanzen, Lesen und Schreiben, eine Fremdsprache, das Musizieren und Schachspielen bei. Außerdem half er in der Küche.

BVK PA200 · Ilse Best / Gudrun Müller: Projektwoche „Ritter"

Die Rüstung

Im Alltag trug ein Ritter einen langen Rock, der bis zu den Füßen reichte.
Im Kampf allerdings trug er eine bis zu 25 kg schwere Rüstung und darüber den
Kettenpanzer, ein Eisenhemd aus 1 000 Ringen. Beim An- und Ablegen der
Ritterrüstung musste der Knappe seinem Herrn helfen.

Aufgabe:

Ordne die Begriffe den Rüstungsteilen zu.

Beinschiene – Brustharnisch – Ellenbogenkachel – Halsberge – Helm –
Hüftpanzerung – Kettenhemd – Kniestück – Panzerhandschuh –
Scharnierplatten – Schenkelstück – Schulterpanzer – Visier

BVK PA200 · Ilse Best / Gudrun Müller: Projektwoche „Ritter"

Die Waffen der Ritter

Jeder Ritter brauchte eine Rüstung und Waffen. Diese fertigten Waffenschmiede in den Städten an.

Die Hauptwaffe des Ritters war das Schwert. Der Dolch war genauso spitz, aber kleiner und leichter zu verstecken. Die Lanze des Ritters bestand aus einem 3 Meter langen Holzschaft mit Eisenspitze. Die Abwehrwaffe des Ritters, der Schild, bestand aus starkem Leder und festen Eisenbeschlägen. Die Vorderseite zierte das jeweilige Familienwappen. Auch viele andere Waffen waren zum Großteil aus Holz. Die Streitaxt hatte einen Holzstiel und eine sehr schwere und scharfe Eisenklinge. Der Bogen und die Armbrust schossen beide mit Pfeilen. Bei der Armbrust konnte man schnell mit kurzen Pfeilen schießen. Den Bogen nutzte man, um lange Pfeile besonders weit zu schießen. Den Morgenstern nannte man so, weil die eiserne Kugel mit den Dornen fast wie ein Stern aussah.

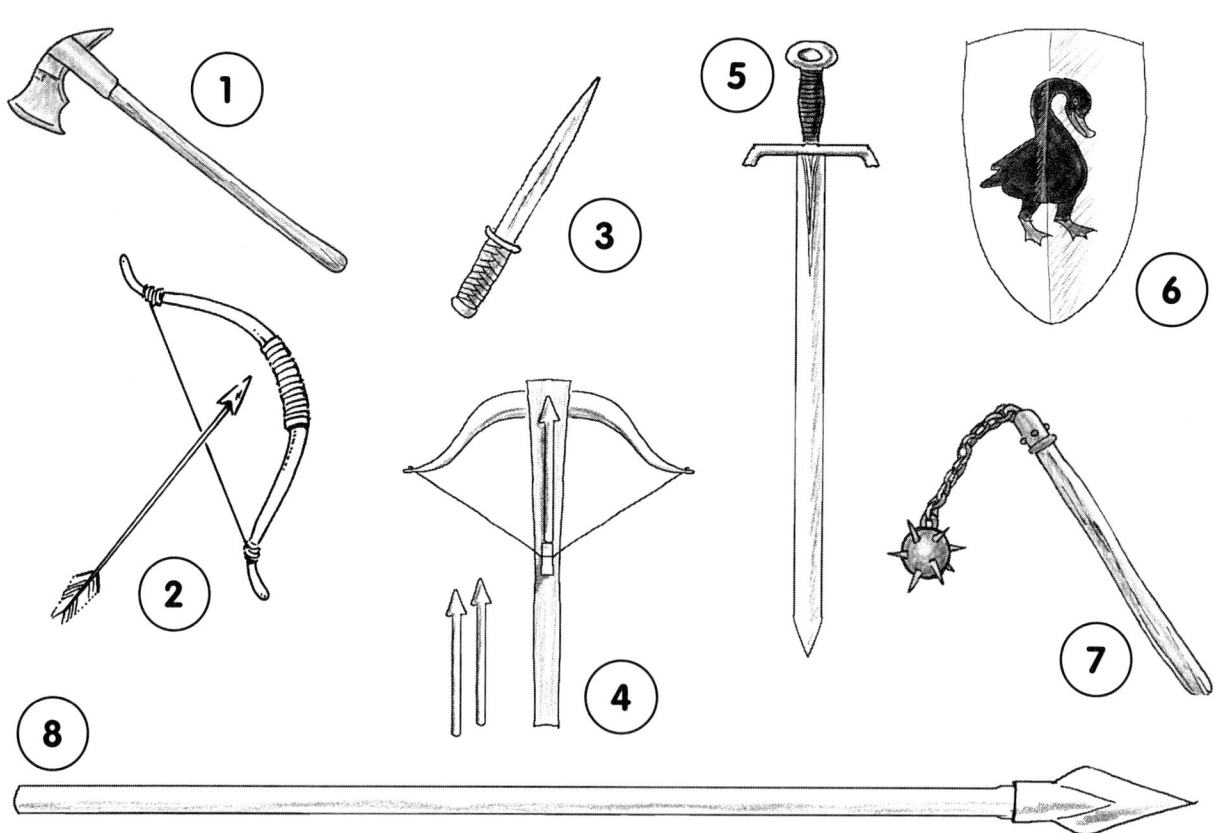

Aufgabe:

Setze ein: Schild – Dolch – Armbrust – Pfeil und Bogen – Streitaxt – Schwert – Morgenstern – Lanze

1. _____   2. _____

3. _____   4. _____

5. _____   6. _____

7. _____   8. _____

BVK PA200 · Ilse Best / Gudrun Müller: Projektwoche „Ritter"

11

Aufgaben:

1. Lies den Text.
2. Dir sind die Kreise im Text aufgefallen. Ordne die Bilder den fehlenden Begriffen im Text richtig zu. Schreibe dazu die Zahlen in die Kreise.

Zum Ende des 11. Jahrhunderts wurden, unter anderem weil das Leben manchmal recht eintönig war, Ritterspiele organisiert. Bei diesen Spielen hatten besonders junge ◯ die Möglichkeit, sich zu erproben, ihren Mut, ihre Geschicklichkeit und ihr Können zu beweisen. Diese Spiele nannte man „Turniere".

Bei den Turnieren bedeckte die Rüstung zum Schutz den ganzen Körper, obwohl mit stumpfen Waffen gekämpft wurde. Auch das Gesicht war durch den ◯ mit Visier nicht zu erkennen. Selbst die ◯ waren durch dickes Leder und Metallplatten vor dem Angriff des Feindes geschützt.

Daher war es für jeden Ritter notwendig, sich ein unverwechselbares Aussehen zu geben. Dies tat er durch seine Kleidung, den Umhang, den Helm mit Federbusch, durch die Satteldecke und den Kopfschmuck seines Pferdes. Alles trug seine Farben und Symbole. Am wichtigsten aber war der Schild, der das ◯ des Ritters trug.

Auf der Tribüne saßen die Ehrengäste. ◯ gaben das Zeichen zum Angriff. Die Gegner ritten mit der ◯ unter dem Arm im Galopp aufeinander zu. Verloren hatte, wer zuerst aus dem Sattel gestoßen wurde. Der Sieger genoss gesellschaftliches Ansehen, besonders bei den Frauen. Eine der Edeldamen überreichte ihm ein ◯ , eine Waffe oder eine goldene Kette. Im Anschluss an das Turnier wurde gefeiert. Gaukler und Zauberer unterhielten die Zuschauer mit ihren Kunststücken. An den Verkaufsständen duftete es nach Gewürzen und ◯ , überall herrschte ein buntes Treiben.

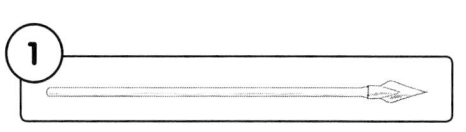

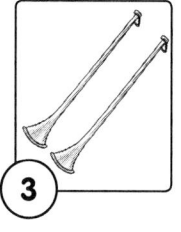

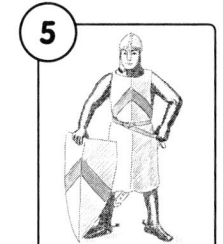

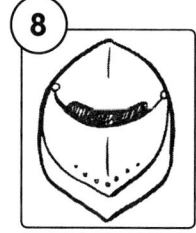

Ein Ritter, der seine Rüstung und einen Helm mit geschlossenem Visier trug, war nicht eindeutig erkennbar. Daher verzierte er seinen Schild zunächst mit einem farbigen Symbol. Daraus entwickelte sich im Laufe der Zeit das „Wappen".

Bald hatte jede adlige Familie ihr eigenes Wappen, an dem man die Zugehörigkeit zu dieser Familie erkannte. Sie unterschieden sich in den verschieden zusammengestellten Grundfarben und in zahlreichen Formen wie Linien und Kreuzen. Es wurden auch Symbole und Wappentiere wie z. B. Schlangen, Vögel und Löwen verwendet. Nun konnte man die Ritter auch in voller Rüstung an ihren Wappen unterscheiden. Die farbenprächtigen Wappen zierten den Waffenrock, den Schild, den Helm, den Wimpel und auch die Pferdedecke.

Das Wappen eines Ritters wurde nach seinem Tod dem ältesten Sohn vererbt, die weiteren Kinder bekamen leicht abgeänderte Wappen. Nur wenn ein Ritter keine Söhne hatte, konnte auch die Tochter eines Ritters das Wappen ihres Vaters übernehmen.

Bald schon gab es vorgeschriebene Regeln für Farben, Formen und Symbole auf den Wappen. Sie waren so zahlreich, dass man sogar Wappenbücher erstellte.

Als Wappenfarben durften nur Gold, Silber, Schwarz, Rot, Blau und Grün gewählt werden. Rot, Grün, Blau und Schwarz mussten immer mit Gold oder Silber eingerahmt sein.

Die Lehre der Wappen nannte man „Heraldik", nach den Herolden. Die Herolde konnten alle Wappen auswendig zuordnen und daher als Boten Bericht erstatten.

Aufgabe:
Dieser Ritter trägt noch kein Wappen. Male ihm ein neues Wappen an alle wichtigen Stellen.

BVK PA200 · Ilse Best / Gudrun Müller: Projektwoche „Ritter"

Die Wappen (2)

12

Aufgabe:

Entwirf nun dein eigenes Wappen und beachte alle Informationen von Seite 52.
Du kannst auch in den Büchern der Bücherkiste nachschlagen.

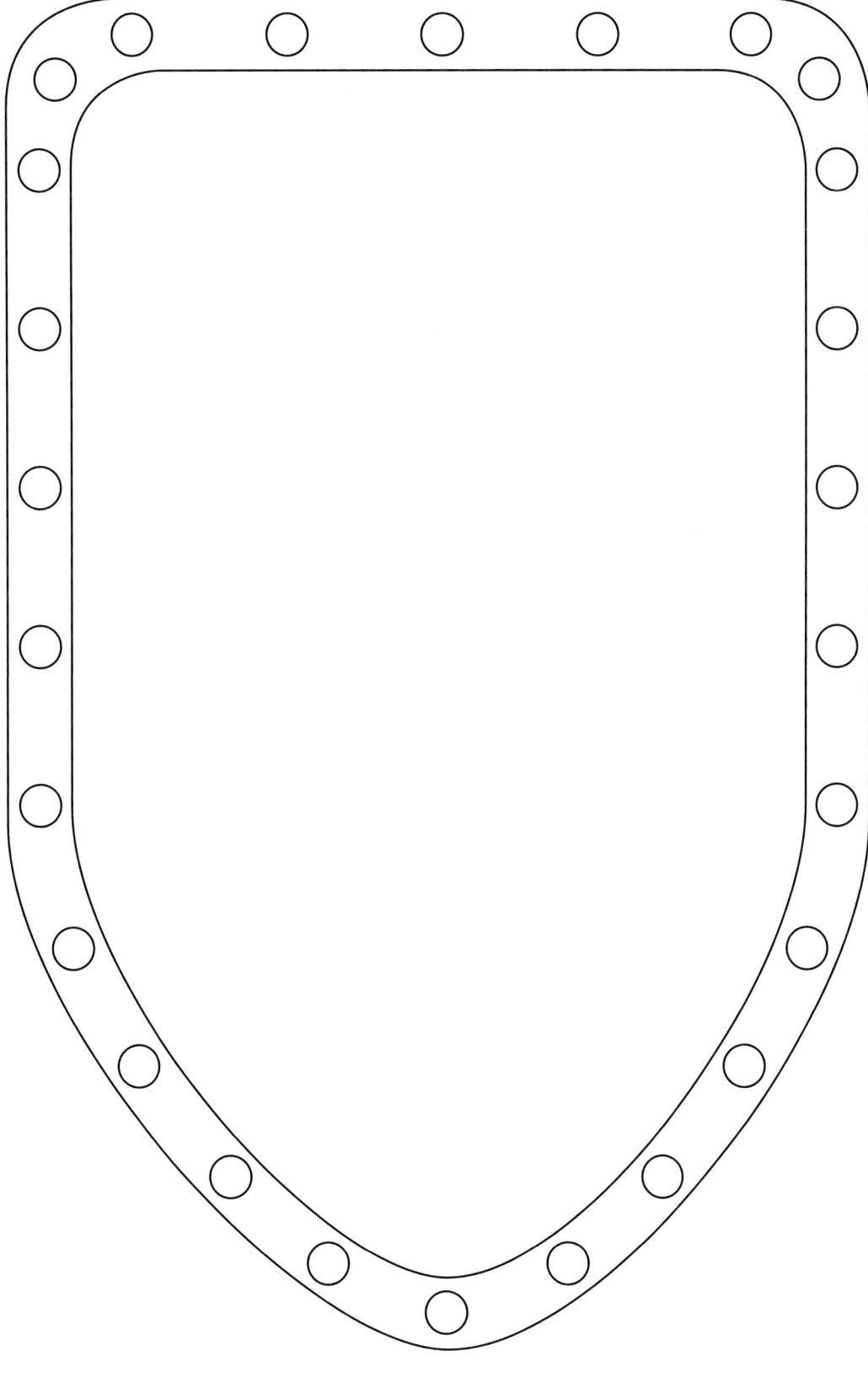

BVK PA200 · Ilse Best / Gudrun Müller: Projektwoche „Ritter"

Aufgabe:

Ersetze die Zahlen durch Buchstaben, dann weißt du, welche Menschen auf einer Burg wichtig waren und welche Aufgaben sie hatten.

26	25	24	23	22	21	20	19	18	17	16	15	14	13	12	11	10	9	8	7	6	5	4	3	2	1
A	B	C	D	E	F	G	H	I	J	K	L	M	N	O	P	Q	R	S	T	U	V	W	X	Y	Z

Ich verrichte alle Metallarbeiten auf der Burg.

8	24	19	14	18	22	23

Ich darf Witze über die Adligen machen.

19	12	21	13	26	9	9

Ich kümmere mich um das leckere Essen.

16	12	24	19

Ich bin ein Arzt und Heiler für die ärmeren Leute.

25	26	23	22	9

Ich behaue die Steine, aus denen eine Burg gebaut wird.

8	7	22	18	13	14	22	7	1

BVK PA200 · Ilse Best / Gudrun Müller: Projektwoche „Ritter"

Ich jage Tiere, damit wir etwas zu essen haben.

Ich erziehe die Kinder.

17	26	22	20	22	9

26	14	14	22

Ich sorge für die Getränke.

14	6	13	23	8	24	19	22	13	16

Ich kümmere mich um die Verwaltung der Burganlagen.

Ich helfe der Burgherrin so gut ich kann.

25	6	9	20	5	12	20	7

1	12	21	22

Minnesänger und Musikinstrumente

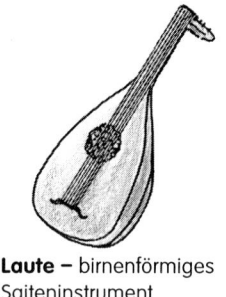

Laute – birnenförmiges Saiteninstrument

Mit **„Minne"** ist die Liebe zu einer Edeldame gemeint.
Ein **Minnesänger,** auch **Troubadour** genannt, ist ein Dichter und Sänger. Er gehörte meist dem niedrigen Adel an. Nur durch die Heirat mit einer adligen Dame hatte er die Möglichkeit, gesellschaftlich aufzusteigen. Daher trug der Minnesänger seiner Angebeteten in einer Art Sprechgesang gefühlvolle Verse vor.
Oft spielte er dazu auf der Laute oder Harfe.

Fidel – Vorgänger der Geige, im Mittelalter sehr beliebt

Erhörte ihn seine geliebte „frouwe" nicht (so nannte der Minnesänger seine Dame), so verrichtete er oft Heldentaten, um erhört zu werden. Minnesänger waren an den Adelshöfen gerne gesehen, denn sie sorgten für Unterhaltung und Abwechslung.
Der bekannteste Minnesänger war Walther von der Vogelweide. Von ihm sind viele Lieder und Gedichte überliefert.

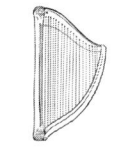

Harfe – großes Begleitinstrument

Bei Festen auf der Burg wurde gerne getanzt. Die Musik klang aber anders als heute, denn es wurden Instrumente wie Krummhorn, Flöte, Fidel, Drehleier, Laute, Harfe und Schellen eingesetzt.

Aufgabe:

Ordne die Buchstaben so, dass sich die mittelalterlichen Instrumente ergeben.
Schreibe die richtigen Namen in die mittlere Spalte.

RUHMMKORN		Blasinstrument aus Tierhorn
TELÖF		altes Holzblasinstrument
DEIFL		Vorgänger der Geige
FERAH		großes Begleitinstrument
RIELEHERD		Saiteninstrument mit Drehrad
AFNAFER		gerades Blechblasinstrument
UTALE		birnenförmiges Saiteninstrument

Fanfare – gerades Blasinstrument aus Blech, oft von Herolden verwendet

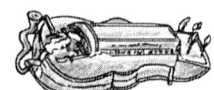

Drehleier – Die Saiten werden durch ein drehendes Rad angestrichen, die Melodiesaite durch Tasten gegriffen.

Krummhorn – Blasinstrument, im Mittelalter auch Tierhörner mit Löchern

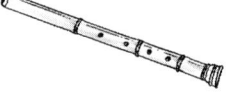

Flöte – eines der ältesten Holzblasinstrumente

BVK PA200 · Ilse Best / Gudrun Müller: Projektwoche „Ritter"

„Du hast mich im Stich gelassen!" Hast du diese Redewendung schon einmal gehört?
Weißt du auch, was sie bedeutet und woher sie stammt? Gemeint ist, dass man alleine
gelassen wurde, dass der andere nicht geholfen hat.
Viele Redewendungen, die wir heute gebrauchen, stammen aus der Zeit der Ritter. Doch
kaum jemand weiß, worauf sie zurückzuführen sind.

Aufgaben:

1. Hier findest du 8 Redewendungen. Kannst du herausfinden, was sie bedeuten?
   Verbinde richtig.
2. Was war damit in der Ritterzeit gemeint? Trage die richtigen Zahlen in die Kästchen ein.

1. sich aus dem Staub machen	sich zurückhalten
2. auf hohem Ross sitzen	jemanden beobachten
3. einem unter die Arme greifen	schnell davoneilen
4. sich bedeckt halten	den Gegenangriff starten
5. sattelfest sein	hochnäsig sein
6. jemanden ins Visier nehmen	sich für etwas einsetzen
7. sich ins Zeug legen	jemandem helfen
8. den Spieß umdrehen	etwas gut können

Früher meinte man damit:

☐ Dem Ritter aufhelfen, weil er durch die schwere Rüstung sehr unbeweglich war.

☐ Ein Ritter musste sicher im Sattel sitzen.

☐ Sich zum Gegenangriff bereitmachen.

☐ Auf jemanden zielen.

☐ Sich aus dem Staub des Turnierplatzes entfernen.

☐ Die Rüstung anziehen.

☐ Zum Turnier auf dem Pferd sitzen.

☐ Das Visier geschlossen, den Schild vor sich halten.

Lied vom Ritter Gieselbert

1. Vor vie-len Jahr'n in der Rit-ter-zeit, die Men-schen war'n einst in gro-ßer Not. Vom

schreck-lich-sten Dra - chen weit und breit wur-de da-mals ein gan - zes Dorf be - droht.

Refrain

Rit-ter-zeit, s'ist schon lan-ge her. In al-ter Zeit war das Le-ben schwer. Rit-ter-zeit, die

kommt nicht mehr, denn die Rit - ter, die gibt es schon lang nicht mehr.

© Text: Ilse Best / Gudrun Müller
Melodie: „Greensleaves", Volksgut aus dem 16. Jh.

2. Die Leute hetzte er ohn' Erbarmen
zur Burg von Ritter Gieselbert.
„O, edler Ritter, so hilf uns Armen
und rette uns mit deinem Schwert!"

3. Zum Drachen hin ritt Gieselbert,
der fauchte wild und spuckte Feuer.
Der Gieselbert zog sein großes Schwert,
begann tapfer den Kampf mit dem Ungeheuer.

4. Der Ritter wild nach dem Drachen stach,
erschreckte sich und wurde wach.
So mutig wie im Traum war er nicht,
und das ist nun das Ende der Geschicht'.

Refrain
Ritterzeit, s' ist schon lange her.
In alter Zeit war das Leben schwer.
Ritterzeit, die kommt nicht mehr,
denn die Ritter, die gibt es schon lang nicht mehr.

© Text: Ilse Best / Gudrun Müller
Melodie: „Brüderchen komm, tanz mit mir",
traditionelles Volkslied um 1800

Text zur Pause

1. Burgfräulein und Rittersleut',
   seid zum Tanze ihr bereit?
   Refrain
   Mit dem Stiefel tapp tapp tapp,
   Rüstung scheppert klapp klapp klapp,
   Refrain

2. Die Herrin kommt, verbeuge dich,
   ein Hofknicks ist erforderlich.
   Refrain

3. Pause braucht ein Ritter auch,
   das ist bei uns Rittern Brauch.
   Refrain

Text zum Abschluss

1. Heute ist dein großer Tag,
   denn nun folgt der Ritterschlag.
   Refrain
   Mit dem Stiefel tapp tapp tapp,
   Rüstung scheppert klapp klapp klapp,
   Refrain

2. Ist am Ende das Turnier,
   feiern wir ein Burgfest hier.
   Refrain

3. Sind die Ritterspiele aus, gehen wir vergnügt
   nach Haus'.
   Refrain

Refrain: Einmal hin, einmal her, Rittertänze sind nicht schwer.

Bewegungen

Refrain: Die Kinder stehen sich paarweise gegenüber.
- „einmal hin" = Sich an den Händen fassen und diese gemeinsam in eine Richtung schwenken.
- „einmal her" = Hände dann in die andere Richtung schwenken.
- „Rittertänze sind nicht schwer" = Mit den gefassten Händen gemeinsam im Kreis drehen.

- „tapp tapp tapp" = Mit den Füßen abwechselnd auf den Boden stapfen.
- „klapp klapp klapp" = Sich schütteln, damit die Rüstung klappert.

Strophen: Bewegungen dem Text entsprechend ausführen oder gemeinsam mit den
Kindern neue Bewegungen überlegen.

BVK PA200 · Ilse Best / Gudrun Müller: Projektwoche „Ritter"

Sprechvers nach der Pause

Wir sind jetzt hier 'ne ganze Woch'	–	Arme in die Seite stemmen
und schauen durch das Schlüsselloch	–	in die Hocke gehen, Hand über die Augen
der guten alten Ritterzeit	–	Kreis als Uhrzifferblatt in die Luft malen
und streben nach Gelehrsamkeit.	–	Finger an Stirn tippen
D'rum kreuzen wir die Klingen.	–	stampfender Ausfallschritt nach vorne und gleichzeitig mit einem Luftschwert in die Mitte stechen
Die Rösser sollen springen.	–	kleine Hüpfschritte am Platz, Arme in „Pferdchenposition"
Wir bauen eine Rüstung	–	an den Körperseiten entlangstreichen
und winken von der Brüstung.	–	mit den beiden Händen winken

© Text: Ilse Best / Gudrun Müller

Bohnensuppe

für 6 Personen

Zutaten: 6 große Kartoffeln, 3 Stangen Lauch, Margarine, Salz und Pfeffer, 3 l Fleischbrühe, 1 kleiner Weißkohl, 1 Stange Staudensellerie, 1 Bund glatte Petersilie, 1 Dose weiße oder grüne Bohnen

So geht es:
1. Kartoffeln schälen und vierteln.
2. Lauch putzen, in ca. 5 cm dicke Stücke schneiden.
3. Gemüse mit Margarine andünsten und mit Salz und Pfeffer würzen.
4. Mit 3 l Fleischbrühe auffüllen und 20 Minuten kochen lassen.
5. Den Weißkohl putzen, ohne den Strunk in grobe Stücke schneiden.
6. Den Staudensellerie in Scheiben schneiden.
7. Die Petersilie grob hacken.
8. Die Bohnen dazugeben und heiß werden lassen.
9. Die Suppe nochmals abschmecken.

Guten Appetit!

BVK PA200 · Ilse Best / Gudrun Müller: Projektwoche „Ritter"

Schlafender Ritter

für 6 Personen

Zutaten: etwas Margarine, 12 trockene Scheiben Toastbrot, 4 Äpfel, Zitronensaft,
1/4 l Milch, 100 g Rosinen, 50 g gestiftelte Mandeln, 2 Eier, 4 EL Zucker, Zimt,
4 EL Semmelbrösel, 50 g Butter

So geht es:
1. Eine Auflaufform einfetten.
2. Scheiben Toastbrot halbieren.
3. Äpfel schälen, entkernen und in Spalten schneiden.
4. Äpfel mit etwas Zitronensaft beträufeln, damit sie nicht braun werden.
5. Milch leicht anwärmen, Toastbrothälften kurz darin einweichen.
6. Die eingeweichten Toastbrothälften und Äpfel in die Form schichten.
7. Rosinen und Mandeln dazwischenstreuen.
8. Milch mit Eiern, Zucker und Zimt verquirlen und über die Masse
   in die Auflaufform gießen.
9. Die Semmelbrösel darüberstreuen.
10. Butter als Butterflöckchen daraufsetzen.

Bei 180 °C ca. 50 Minuten backen. Dazu Vanillesoße servieren.

Kinder-Met

für 4 Personen

Zutaten: 700 ml Wasser, 300 g Honig, Zimt, Muskat,
800 ml heller Traubensaft

So geht es:
1. Das Wasser erhitzen.
2. Den Honig unter Rühren dazugeben und 15 Min. köcheln lassen.
3. Mit Zimt und Muskat abschmecken und dann abkühlen lassen.
3. Dann mit Traubensaft auffüllen.

Schmeckt warm und kalt.

Präsentation

der Projektwoche: **Ritter**

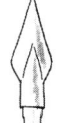

Vorführung

- Verkleidung: Ritterhelm, Brustpanzer, Schild und Schwert,
  Burgfräulein-Hüte und lange Kleider
- Gesang: Lied vom Ritter Gieselbert, Rittertanz

Ausstellung

Projektwochenhefte: Jedes Kind darf von seinem Projektwochenheft
die Lieblingsseite aufgeschlagen auslegen.

Ritterburgen, Schmuckkästchen, Tischsets und weitere Bastelarbeiten
werden ausgelegt.

Das für die Projektwoche ausgewählte Buch auslegen.

Fotos von Spielen aus der Ritterzeit

Rüstungsdomino

Murmel in den Turm

Schafsknochenspiel

Ritter-Schnipp-Schnapp

Lösungen

zu S. 39: „Leben und Wohnen in der Burg (2)"
- Auf der Burg lebten **der Burgherr und seine Familie.**
- Die Orte für den Burgbau waren **schwer zugänglich.**
- Die Burgen sollten **vor Feinden schützen.**
- Das Haupthaus der Burg heißt **Palas.**
- Die Kemenate ist für **die Frauen und Kinder.**
- Geheizt wurde **mit einem Kamin.**
- Die Fenster **waren offen.**
- Als Beleuchtung gab es **Öllampen.**

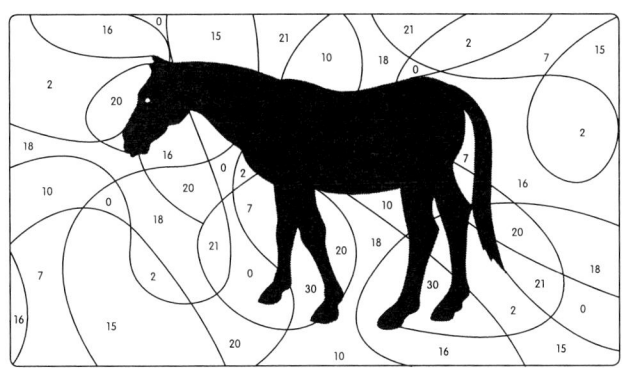

zu S. 40: „Der Bergfried"

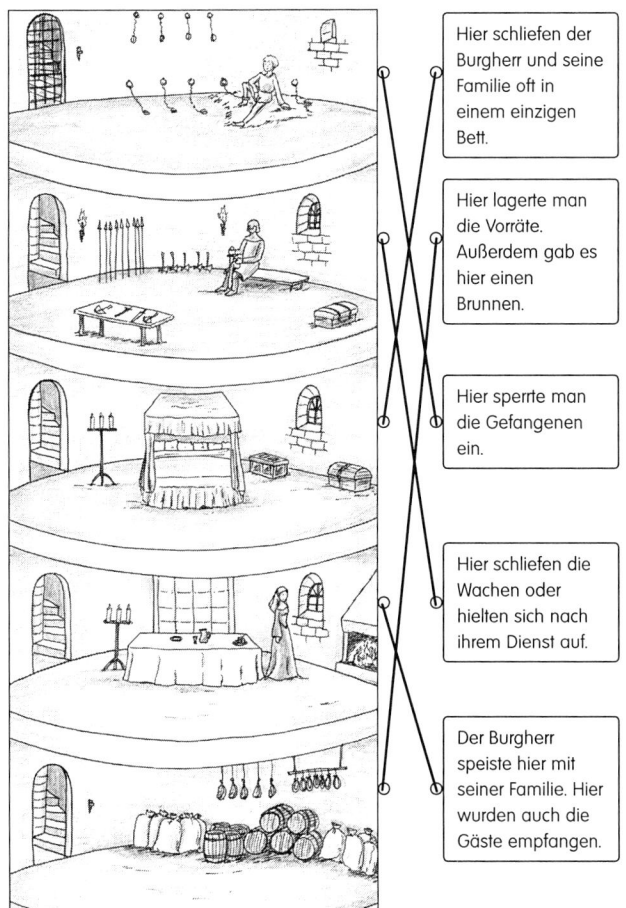

Hier schliefen der Burgherr und seine Familie oft in einem einzigen Bett.

Hier lagerte man die Vorräte. Außerdem gab es hier einen Brunnen.

Hier sperrte man die Gefangenen ein.

Hier schliefen die Wachen oder hielten sich nach ihrem Dienst auf.

Der Burgherr speiste hier mit seiner Familie. Hier wurden auch die Gäste empfangen.

zu S. 42: „Die Burg als Verteidigungsanlage (2)"

1. ZUGBRÜCKE
2. RINGMAUER
3. WEHRTURM
4. FALLGITTER
5. BERGFRIED
6. BRUNNEN
7. PECHNASE
8. KEMENATE
9. WASSERGRABEN
10. PALAS

Lösungswort: RITTERSAAL

zu S. 43: „Die Burg als Verteidigungsanlage (3)"
Pechnase = 2;   Brunnen = 1;   Ringmauer = 9
Bergfried = 5;   Wassergraben = 8;   Zugbrücke = 3
Palas = 7;   Wehrturm = 6;   Kemenate = 4

zu S. 44: „Der Burgherr und seine Aufgaben"
IM NAMEN DES BURGHERREN,
RITTERTURNIER AM SONNTAG AUF BURG FALKENBERG

zu S. 45: „Die Burgherrin und ihre Aufgaben"

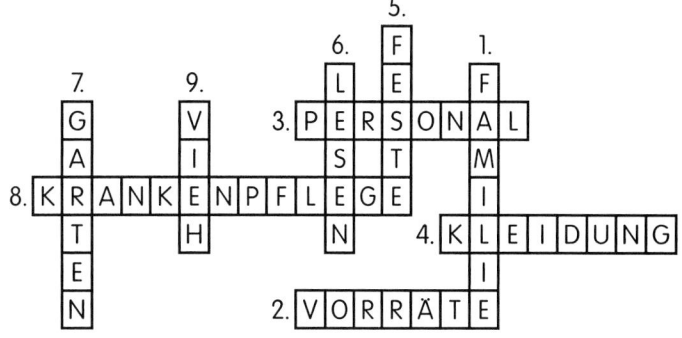

5.
6. 1.
7. 9. F F
G V L E F
3. PERSONAL
8. KRANKENPFLEGE
T I S M
E H E I
N 4. KLEIDUNG
2. VORRÄTE

Lösungswort: BURGHERRIN

zu S. 47: „Die Kinder (2)"

zu S. 48: „Vom Pagen zum Ritter"

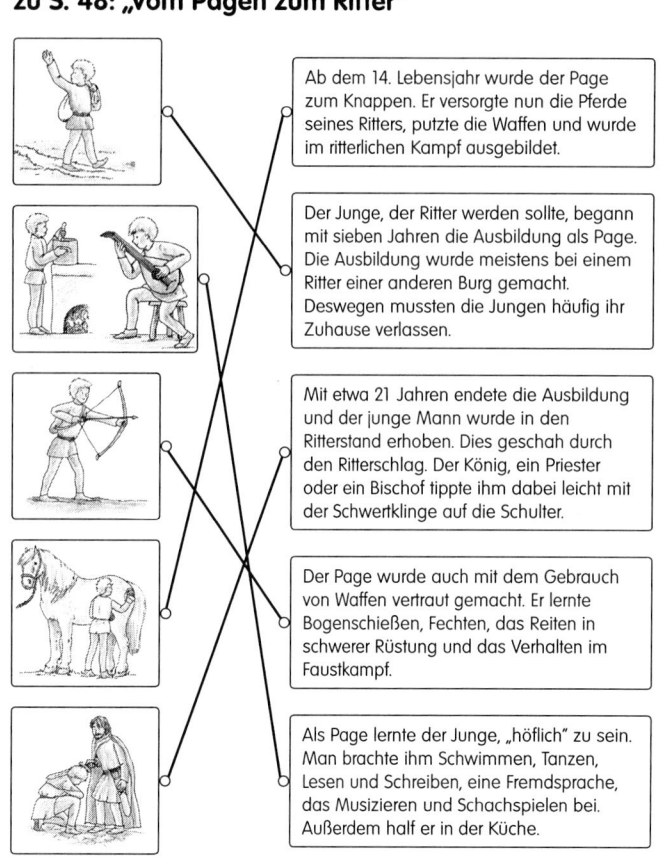

Ab dem 14. Lebensjahr wurde der Page zum Knappen. Er versorgte nun die Pferde seines Ritters, putzte die Waffen und wurde im ritterlichen Kampf ausgebildet.

Der Junge, der Ritter werden sollte, begann mit sieben Jahren die Ausbildung als Page. Die Ausbildung wurde meistens bei einem Ritter einer anderen Burg gemacht. Deswegen mussten die Jungen häufig ihr Zuhause verlassen.

Mit etwa 21 Jahren endete die Ausbildung und der junge Mann wurde in den Ritterstand erhoben. Dies geschah durch den Ritterschlag. Der König, ein Priester oder ein Bischof tippte ihm dabei leicht mit der Schwertklinge auf die Schulter.

Der Page wurde auch mit dem Gebrauch von Waffen vertraut gemacht. Er lernte Bogenschießen, Fechten, das Reiten in schwerer Rüstung und das Verhalten im Faustkampf.

Als Page lernte der Junge, „höflich" zu sein. Man brachte ihm Schwimmen, Tanzen, Lesen und Schreiben, eine Fremdsprache, das Musizieren und Schachspielen bei. Außerdem half er in der Küche.

zu S. 49: „Die Rüstung"

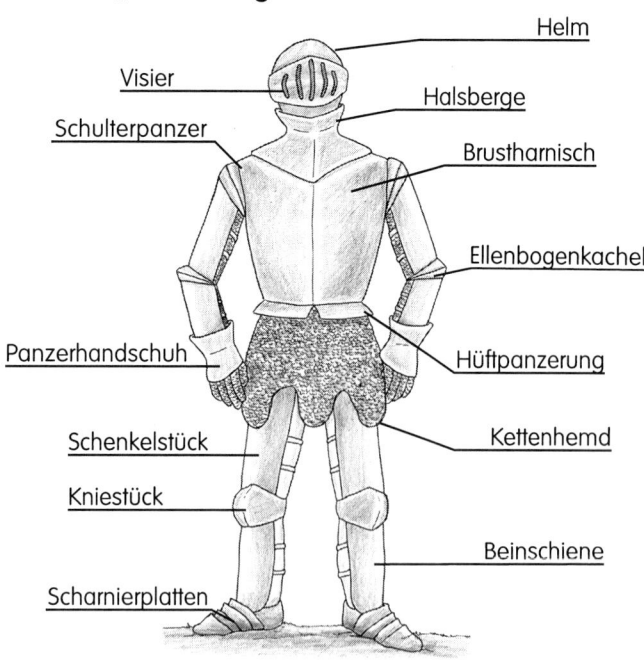

Helm • Visier • Halsberge • Schulterpanzer • Brustharnisch • Ellenbogenkachel • Panzerhandschuh • Hüftpanzerung • Schenkelstück • Kettenhemd • Kniestück • Beinschiene • Scharnierplatten

zu S. 50: „Die Waffen der Ritter"

1. Streitaxt
2. Pfeil und Bogen
3. Dolch
4. Armbrust
5. Schwert
6. Schild
7. Morgenstern
8. Lanze

zu S. 51: „Die Ritterturniere"

Ritter (5) • Helm (8) • Pferde (7) • Wappen (2) • Fanfaren (3) • Lanze (1) • Geschenk (4) • Kräutern (6)

zu S. 54 / 55: „Berufe"

8	24	19	14	18	22	23
S	C	H	M	I	E	D

19	12	21	13	26	9	9
H	O	F	N	A	R	R

16	12	24	19
K	O	C	H

25	26	23	22	9
B	A	D	E	R

8	7	22	18	13	14	22	7	1
S	T	E	I	N	M	E	T	Z

17	26	22	20	22	9
J	A	E	G	E	R

26	14	14	22
A	M	M	E

14	6	13	23	8	24	19	22	13	16
M	U	N	D	S	C	H	E	N	K

25	6	9	20	5	12	20	7
B	U	R	G	V	O	G	T

1	12	21	22
Z	O	F	E

zu S. 56: „Minnesänger und Musikinstrumente"

RUHMMKORN	KRUMMHORN
TELÖF	FLÖTE
DEIFL	FIDEL
FERAH	HARFE
RIELEHERD	DREHLEIHER
AFNAFER	FANFARE
UTALE	LAUTE

zu S. 57: „Redensarten"

1. sich aus dem Staub machen = schnell davoneilen
2. auf hohem Ross sitzen = hochnäsig sein
3. einem unter die Arme greifen = jemandem helfen
4. sich bedeckt halten = sich zurückhalten
5. sattelfest sein = etwas gut können
6. jemanden ins Visier nehmen = jemanden beobach
7. sich ins Zeug legen = sich für etwas einset
8. den Spieß umdrehen = den Gegenangriff starten

Früher meinte man damit:

3. Dem Ritter aufhelfen, weil er durch die schwere Rüst sehr unbeweglich war.
5. Ein Ritter musste sicher im Sattel sitzen.
8. Sich zum Gegenangriff bereitmachen.
6. Auf jemanden zielen.
1. Sich aus dem Staub des Turnierplatzes entfernen.
7. Die Rüstung anziehen.
2. Zum Turnier auf dem Pferd sitzen.
4. Das Visier geschlossen, den Schild vor sich halten.

BVK PA200 · Ilse Best / Gudrun Müller: Projektwoche „Ritter"